ASSOCIATION CATHOLIQUE
DE LA
• JEUNESSE FRANÇAISE •

CONGRÈS

DE

St-Etienne de Villeneuve-sur-Lot

14 Avril 1918

COMPTE-RENDU

IN EXTENSO

GROUPE A· DE MUN
— 40, RUE ST-ETIENNE —
VILLENEUVE-s-LOT

ASSOCIATION CATHOLIQUE DE LA JEUNESSE FRANÇAISE

CONGRÈS DE SAINT-ETIENNE DE VILLENEUVE-SUR-LOT

14 AVRIL 1918

ASSOCIATION CATHOLIQUE

DE LA

◦ JEUNESSE FRANÇAISE ◦

CONGRÈS

DE

St-Étienne de Villeneuve-sur-Lot

14 Avril 1918

COMPTE-RENDU

IN EXTENSO

GROUPE A. DE MUN

40, RUE ST-ÉTIENNE

VILLENEUVE-S-LOT

Au lendemain du Congrès

En écrivant ce titre en tête de ces lignes, les premières d'un compte-rendu destiné à perpétuer parmi nos jeunes le souvenir du Congrès, je sens mon impuissance à traduire comme il conviendrait la délicieuse et fortifiante impression qu'a laissée à tous ceux qui l'ont vécue avec nous cette inoubliable journée.

En l'évoquant devant Dieu, en son lendemain, j'ai senti mon cœur s'emplir d'une inexprimable reconnaissance.

Reconnaissance envers la Providence qui a béni si manifestement nos initiatives et récompensé nos labeurs. Le seul succès que nous lui avions demandé, n'est-ce point que ces solennelles assises puissent servir au triomphe de la cause sacrée que nous avons à défendre.

Reconnaissance à l'égard de l'Évêque affectionné qui, sans compter avec les fatigues de pénibles tournées pastorales, a daigné honorer notre Congrès d'une si particulière sollicitude et aussi à l'égard des grands chefs de l'A. C. J. F. qui l'ont assisté dans le « noble travail », et des dévoués aumôniers qui ont voulu marquer leur place à la tête de leurs jeunes phalanges, les entraînant vers un idéal bien déterminé : la restauration de l'esprit chrétien dans notre pays par la formation d'une élite vraiment croyante et avide d'apostolat.

Reconnaissance enfin, à tous ceux qui de près ou de loin, par la prière, par l'action, par les concours spontanés ou par les services rendus ont préparé la tenue du Congrès et ont contribué à son succès. Qu'il me soit permis de distinguer ici pour leur rendre un particulier hommage de gratitude, et le prêtre-ami qui, associé à mon ministère pastoral, soutient mes énergies, consacrant son intelligence, son activité, son ardent amour des âmes à l'œuvre à laquelle nous avons voué notre vie, et nos chers jeunes gens qui forment autour de cette église, dont ils sont les fils préférés, une couronne d'honneur, de pureté et de vaillance, et toute cette frémissante jeunesse accourue de toutes les contrées de notre arrondissement et des régions voisines. Je ne saurais exprimer comme je le ressens combien il m'a été doux de l'accueillir dans nos murs et de voir aussi l'hospitalière cité lui faire fête, la saluant comme on salue tout ce qui apporte une espérance.

Chers jeunes gens, laissez-moi en terminant formuler un vœu : demeurez ensemble étroitement unis, comme vous l'avez été en cette incomparable journée et dans ce but, tous à la prière, à l'étude, à l'action, suivant le beau programme de votre Association.

Aussi bien on l'a dit avec raison : « Un Congrès ne vaut que par ses lendemains. » Il s'agit de montrer aux indifférents et aux sceptiques, que rien n'est fini, que tout commence ; que ce qu'il y a de meilleur dans nos assemblées périodiques, ce ne sont pas les manifestations extérieures, les rapports, les discours, mais l'action pratique en vue de laquelle ont été orientés tous les vouloirs, tous les efforts. La Jeunesse qui est venue retremper ici ses énergies reprendra avec plus de vaillance désormais la grande et noble tâche qui la sollicite à cette heure : l'organisation religieuse et sociale des forces catholiques, en vue de la reconstitution chrétienne de notre pays.

Ainsi, elle se montrera digne de l'autre Jeunesse, de celle qui a soutenu sans faiblir les durs hivers des tranchées, qui tient victorieusement devant l'assaut désespéré des hordes barbares, qui meurt pour que la Jeunesse de l'arrière vive, pour qu'elle accomplisse ses destinées et que par elle, la France soit sauvée.

G. J. G. BONTEMPS, curé de St-Etienne.

⌘

Télégramme du Comité Général

La veille du Congrès, Raoul Lafon, président du Comité d'arrondissement de Villeneuve-sur-Lot, recevait du R. P. Corbillé, aumônier général de l'A. C. J. F. le télégramme suivant :

« Serai de cœur et de prières avec vous demain. Tous mes vœux pour le succès de votre Congrès. Tous mes compliments pour excellent travail et pour prospérité de votre Comité.

« P. CORBILLE. »

⌘

Lettre d'un membre de la « Gioventu Cattolica Italiana »

Sa Grandeur Monseigneur l'Evêque, nous a fait l'honneur de nous communiquer la lettre qu'un membre de l'Association de la Jeunesse Catholique Italienne lui écrivait à l'occasion du Congrès. Nos lecteurs seront heureux de lire ici ces pages, ardente manifestation de la sympathie et de l'union qui se créent dans la même foi, le même idéal et les souffrances endurées pour la même cause entre la France et l'Italie.

France, le 11 avril 1918.

Excellence Révérendissime,

Par le journal « *La Croix* » de samedi dernier, 6 avril, j'ai appris que dimanche prochain 14 avril, aura lieu à Saint-Etienne de Villeneuve, un Congrès de la Jeunesse Catholique, présidé par Votre Grandeur.

Permettez donc qu'un jeune catholique d'Italie, trésorier du Cercle de Jeunesse Catholique de Saint-Philippe de Néri, de Vicence, qui s'honore d'appartenir aux phalanges de la Jeunesse Catholique italienne, s'unisse en esprit à la manifestation de foi que ses frères de France accompliront dimanche prochain.

Je voudrais être capable d'exprimer mes sentiments dans la langue de votre pays. Mais je ne puis le faire. Mais faites-moi la grâce, Excellence, de faire savoir aux chers amis catholiques français, qu'un soldat d'Italie, heureux de contribuer pour sa part à la défense de la noble France, donne son adhésion de tout cœur au Congrès de Saint-Etienne ;

Dites à tous, mes vœux pour que la réunion chrétienne ait bon succès et porte avec elle des résultats pratiques, capables de donner une nouvelle impulsion à l'organisation de J. C. française.

Autant votre patrie que la mienne ont besoin, après ce bain de sang, qu'une vie nouvelle et purificatrice les dirige vers un avenir de paix et de prospérité.

Eh bien ! la Jeunesse Catholique aura une part prépondérante dans cette rénovation des Nations, si elle sait se serrer compacte sous l'étendard de la Croix.

Il faut que la France redevienne la fille aînée de l'Eglise ; il faut que l'Italie, berceau du Pontificat Romain répare les torts faits à l'Eglise et sache qu'avec elle et la Papauté elle s'acheminera vers de glorieux destins.

Dites encore aux chers frères dans la foi, que dans ma patrie aimée, notre organisation est forte et sera plus forte quand, la guerre finie, nous retournerons tous chez nous. Sur notre étendard est inscrite cette devise : « Prière, Action, Sacrifice ». Je ne sais quelle est la devise de leur étendard.

Je dis seulement ceci, que le programme de notre effort tient tout entier dans cette devise « Prière, Action, Sacrifice ».

Expliquez aux chers amis, la signification de ces trois mots, et dites-leur, Excellence Révérendissime, qu'en les mettant en pratique, ils seront assurés de rechristianiser leur chère patrie.

Pardonnez, Excellence, si je me suis permis de vous déranger, mais je ne pouvais me dispenser de m'associer aux fêtes de dimanche prochain.

A vous qui, plein de zèle pastoral, travaillez pour l'organisation de la Jeunesse Française, mon salut ému !

A tous les amis j'envoie mille vœux et je termine en criant bien haut, bien haut : « Vive la France Catholique ! Vive la Jeunesse Catholique Française !!! »

Baisant l'anneau sacré je me fais honneur de me signer

« Votre très humble serviteur »

G... T.., soldat — Troupes auxiliaires italiennes en France

Impressions d'un témoin

Dans un village de la Marne, aux pieds de cette montagne de Reims qui vit se dérouler naguère maints valeureux combats, je devais, il y a deux ans, préparer un cantonnement pour nos troupes. Marfaux n'était plus qu'un amas de ruines et dans les rares maisons épargnées par les obus ou les pastilles incendiaires, une section d'automobiles avait élu domicile. L'ordre était formel. Nous devions loger là. En visitant ces vieux pans de murs, restes de foyers confortables ou de modestes habitations, nous vîmes au détour d'une ancienne rue une petite maison dont la construction récente était facilement reconnaissable à la fraîcheur des ciments et du plâtre. Et sur ces ruines un logis renaissait, où les seuls civils restés depuis la retraite de septembre 1914, allaient abriter à nouveau leurs espoirs, leurs douleurs et leurs joies. Et ces quelques briques aménagées, cette charpente se dressant en abri, cette disposition ordonnée parmi le désordre dont était plein le village semblaient un défi à l'invasion brutale, une protestation vivante d'espoir quand même et de confiance malgré la bataille dont on percevait le bruit terrible ébranlant les restes des murs calcinés...

A deux ans de distance, ce souvenir me semble un symbole. Obstinément il se dresse devant moi en évoquant les impressions de cette journée de Congrès qui fut elle aussi une résurrection. La guerre, si elle n'a pas détruit nos œuvres de jeunesse, les a fortement éprouvées en appelant au devoir patriotique les meilleurs et les plus jeunes de leurs éléments. Et voici qu'elles reprennent vie, grâce à l'initiative, à la confiance de ceux que la patrie a conservés aux foyers. Les richesses spirituelles de nos paroisses, je veux dire la foi, la pureté, l'esprit de sacrifice de nos habitués des groupes de jeunesse, ont été dépensées ailleurs. Sur le champ de bataille, dans la tranchée, dans les services si divers du métier militaire, elles se sont converties en héroïsme en face de la mort, en résignation devant le devoir parfois fastidieux — toujours rude — en bons exemples, partout où elles ont apparu, forçant souvent l'admiration, toujours le respect. Mais dans ce vieux sol français si riche parce que imprégné de sens chrétien depuis vingt siècles, d'autres richesses ont apparu. Ce sera l'honneur des aumôniers restés à l'arrière de les avoir découvertes, la gloire de la paroisse St-Etienne de Villeneuve de nous avoir, en cette journée du 14 avril, permis de les entrevoir....

Qu'on nous pardonne ce long préambule. Il nous a paru nécessaire, d'abord pour dire notre admiration à cette fière jeunesse, qui a renouvelé dans les âmes des spectateurs dont nous étions, les fortes émotions de nos Congrès d'avant guerre ; ensuite parce que, d'avoir su vaincre pour réaliser ce rêve d'un congrès en pleine guerre, tant et tant de difficultés, nous semble mériter mieux que la phrase banale d'un compte rendu toujours sec et voué d'avance à la monotonie. Absence de la plupart de nos jeunes gens appelés à servir la patrie, — — diminution de nos groupes due à la mobilisation des aumôniers maintenant soldats, combattants, brancardiers, infirmiers ou chargés de nouvelles paroisses qui sont les bataillons ou les régiments. — pénurie des transports, — déplacements rendus presque impossibles, vu la rareté des trains, — grand problème du ravitaillement en ce temps de restriction, il fallait de l'audace pour concevoir cette journée de réunion des groupes. La foi sut en triompher et Dieu prêta son aide à cette audace. « *Audaces fortuna juvat* ».

La Messe de Communion

Le ciel lui-même, d'abord boudeur, car il plut fortement, se laissa vaincre et le soleil vers la fin de la journée ne manqua point d'apparaître comme s'il lui en coûtait de ne pas faire briller les franges d'or des drapeaux flottant durant le défilé.

Naturellement, cette journée commence par la prière. Dès le matin, plus de 150 congressistes sont là. Sa Grandeur Mgr l'Evêque d'Agen célèbre la Messe. Une heureuse pensée fait précéder de la cérémonie de la Confirmation les séances du Congrès. A côté des jeunes confirmés, les aînés, avant de s'entendre rappeler leur devoir viennent puiser à leur source la vaillance et l'énergie qui font les héros et les saints. Messe intime, recueillie, où l'âme avant tout autre leçon entend pour elle seule dans le tête à tête de la communion l'enseignement du Maître qui a dit « Je suis la Vérité, la Vie ». Excellente préparation aux instructions de la journée que ce colloque individuel de l'âme chrétienne avec son Dieu.

Première séance d'étude

La prière finie, le travail commence. La salle est littéralement envahie. Aux premiers arrivés de nouveaux groupes se sont joints et parmi eux se distingue celui de l'A. C. J. F. de notre collège St-Caprais. De cette école où les fortes études se combinent heureusement avec une haute éducation chrétienne, voici l'élite. Parmi eux sans nul doute — le passé en fait foi — se recruteront les défenseurs de nos libertés encore à conquérir et ces jeunes, demain, n'hésiteront pas davantage devant le devoir chrétien d'après guerre comme n'ont pas hésité leurs devanciers, comme n'hésitent pas en ces heures tragiques en face du devoir patriotique leurs camarades d'hier dont les noms déjà si nombreux figurent sur les glorieux nécrologes des morts pour la France.

Mgr l'Evêque d'Agen préside ce congrès, assisté de MM. Jacques le Barazer, vice-président de l'U. R. du S.-O. et Jacques de Vivie-Régie président du Comité départemental du Lot-et-Garonne. C'est à Monseigneur lui-même, promoteur de toute œuvre catholique dans le diocèse qu'appartient de dire les mots de bienvenue. Sa délicate sollicitude n'oublie personne. Avec beaucoup d'à-propos et d'éloquence, M. de Vivie-Régie rappelle les belles journées de 1914, le congrès du Mas, et force l'émotion de l'assemblée en évoquant le souvenir de ces jeunes tombés au champ d'honneur, prisonniers de nos ennemis, hospitalisés dans nos formations sanitaires ou debout, l'arme au bras, pour arrêter l'avance des nouveaux barbares. Et par delà ces noms aimés, ce sont « les ancêtres » : de Mun, de Roquefeuil, Reverdy, Bazire, Lerolle, Gerlier à l'œuvre féconde, à l'exemple vivant. Noms dont on se sent fier, exemples dont on se pénètre. »

Les applaudissements terminés, a lieu l'appel des groupes des arrondissements d'Agen, Marmande, Nérac.

« Agen est représenté par le groupe de la Cathédrale, son A. G.
« Tous deux nouvellement formés sous l'habile direction de leur aumô-
« nier, M. l'abbé Carbonnel, possèdent déjà leur bulletin ; les résultats
« religieux sont satisfaisants. A ces jeunes gens se sont joints quel-
« ques représentants du Passage d'Agen.

« Le collège St-Caprais d'Agen a envoyé une délégation de 8 membres.
« Ce groupe se recrute parmi les grands ; on y fait des études socia-
« les. A côté de la J. C. il y a une conférence de St-Vincent de Paul,
« et une congrégation de la Sainte-Vierge.

« Marmande est représenté par les délégués d'un patronage, qui s'est
« réorganisé à l'annonce du congrès de Villeneuve, sous l'énergique
« impulsion de son aumônier en permission de détente.

« A Tonneins, les deux groupes, N.-D. et Saint Pierre vivent et
« prospèrent malgré la guerre.

« Le Mas d'Agenais, dont le très zélé archiprêtre a amené une su-
« perbe phalange de jeunes, s'occupe des questions religieuses et so-
« ciales et, comme le dit le rapporteur, s'efforce de faire « toujours
« mieux ».

« Clairac, lui aussi, est en voie de progrès. Nérac, Castelmoron, Beau-
« puy et Fauguerolles, se sont excusés. M. de Vivie-Régie félicite
« alors les groupes du travail accompli et de leurs bonnes intentions
« pour l'avenir. En terminant, il demande avec insistance que l'on
« reprenne les réunions interparoissiales, nécessaires à la vie et au
« progrès de l'A. C. J. F.

« La première séance de travail est achevée : les jeunes gens se
« forment en cortège, et drapeau en tête précédant Monseigneur se
« dirigent vers l'église St. Etienne pour assister à la Messe du Congrès. »

La Messe du Congrès

Dans une église pavoisée richement, vers un autel éblouissant de
dorures, au milieu du chœur où se détachent, dans la verdure, les
vieilles broderies rouge et or des Pénitents qui se déroulent sur les murs
comme des fresques, Sa Grandeur s'avance, précédée de la jeunesse
dont les drapeaux dominent les fronts d'une foule inclinée.
L'orgue prête sa voix superbe. La messe commence, célébrée par Monsieur l'abbé Darles, curé de Saint-Pierre de Tonneins. Un *Kyrie* à 4
voix, de Gounod, pénètre toute l'assistance en cette heure solennelle :
« Seigneur, ayez pitié », et ces voix qui se confondent, voix d'hommes, de femmes, de jeunes filles et d'enfants interprètent avec tous
les secours de l'harmonie, la supplication de la foule. Un silence. L'é-
loquence prend la place de la musique. Le R. P. Dieuzayde, aumônier
régional du S. O. remplace M. le chanoine Martinon empêché. Dans
une allocution où il fait passer toute sa connaissance et son amour
des jeunes, l'orateur nous dit que cette journée du 14 avril est moins
une fête qu'une manifestation de foi. A l'heure où nos vaillants — un
corps d'armée, recruté parmi ces 180.000 jeunes gens qui composaient
l'A. C. J. F. avant la guerre — se battent comme des lions et tombent
comme des héros, notre piété émue va les chercher pour les proposer
en exemple à ces jeunes qui vont les remplacer. Et ceux-ci, pour bien
témoigner leur résolution de puiser aux mêmes sources le même héroïsme, entonnent le « Credo », affirment hautement leur foi. Après
le Sanctus de Gounod, enlevé par le chœur des chanteurs, une voix

u'on aime toujours entendre, parce que toujours délicieuse, « sans gale », détaille l'*Agnus Dei*. Et l'office se termine sur le chant triomphal à 4 voix de *Christus vincit, Christus regnat, Christus imperat !*

Les banquets et les toasts

A midi, un banquet, qui se ressent un peu des restrictions de guerre, réunit plus de 170 congressistes. Voici l'heure des toasts. Avec M. Le Barazer, qui, le premier prend la parole, c'est un toast de reconnaissance à tous les pontifes qui ont béni, encouragé, aimé l'A. C. J. F., de filial attachement à Benoît XV qui prie pour la France et sa jeunesse catholique. Toast de de Vivie-Régie à notre évêque dont le diocèse est particulièrement fier. N'est-il pas « l'ami des jeunes », le rénovateur de l'A. C. J. F. dans le diocèse, et, en ces heures cruelles, par ses conférences patriotiques, ses lettres pastorales, en particulier la dernière sur « La paix chrétienne et française » un excitateur de confiance ? Et, portant ses regards au delà, l'orateur salue l'épiscopat français incarné dans la noble figure du Cardinal de Reims dont la pittoresque parole montre bien à quel degré le peuple qui se bat à cette heure estime l'évêque fidèle à son poste de combat : « J'ai surtout souffert de la façon dont les poilus me serraient la main : mon anneau épiscopal me rentrait dans les doigts. » Ce sont les évêques qui referont la France. Toast de Sa Grandeur, heureuse de saluer à Villeneuve la résurrection de l'A. C. J. F., comme sur la terre villeneuvoise, à N.-D. de Peyragude, Elle avait pu présider le premier congrès. Et Sa Grandeur évoque, avec l'émotion que tous partagent, la figure de Jean Poujoulat. Enfin, avec M. le chanoine Boussac, nous saluons en ces jeunes, de nouveau groupés, les « gagne-petits », qui gagneront la France à leur cause : la série des toasts se termine par un salut aux mères, aux épouses, aux sœurs de nos héros chrétiens.

Deuxième séance d'étude

Mais il faut reprendre le travail. On se hâte vers la salle des réunions. Sur l'estrade prennent place à côté de Sa Grandeur Mgr l'Evêque, M. le Vicaire général Pourteau, le R. P. Dieuzayde, M. le Chanoine Boussac, J. de Barazer, de Vivie Régie, M. le comte de la Forest-Divonne, M. de Sigalas, M. l'abbé Authier, curé-archiprêtre de Ste-Livrade, M. l'abbé Tréjaut, curé-archiprêtre du Mas, M. l'abbé Bontemps, M. l'abbé Darlds, curé de St-Pierre de Tonneins.

J. le Barazer communique à l'assemblée le télégramme envoyé par le R. P. Corbillé, aumônier général de l'A. C. J. F., et aussitôt P. Palot, le dévoué secrétaire du groupe de St-Etienne, lit un rapport sur l'A. C. J. F. dans l'arrondissement de Villeneuve. Dans la 1re partie il dit ce qui existe ; dans la seconde, il trace aux groupes existants la tâche qu'ils ont à remplir et qui se présente sous une triple forme : 1° Guerre au découragement, au fétichisme du nombre, à l'illusion du succès facile ; 2° Propagande méthodique en faveur de l'A. C. J. F. par conférences, tracts, réunions paroissiales, cantonales, congrès d'aumôniers, etc. ; 3° Réorganisation des centres de direction et vie plus intense des groupes.

Une discussion s'engage sur les vœux de ce rapport intéressant, vivant, et, à juste titre, fort applaudi. — Sur le premier, tout le monde est d'accord, et Monseigneur note qu'une action est possible et plus que jamais nécessaire.

Au sujet de la propagande par conférences et par l'action des jeunes gens, M. le curé de St-Etienne et le R. P. Dieuzayde citent deux exemples heureux et opportuns. Quelques-uns de nos jeunes, dit M. le curé de St-Etienne, se sont formés à la parole en faisant des conférences aux cadets de l'A. G. ; maintenant capables de se produire devant un auditoire plus nombreux, ils se mettent à la disposition des groupes. — Le R. P. Dieuzayde propose à notre admiration un jeune homme de Bordeaux — 15 à 16 ans — qui, en l'absence de l'aumônier mobilisé, mène les enfants à la promenade, leur lit la messe, les surveille, en un mot exerce autour de lui, par son dévouément, sa persévérance et son courage, une action féconde.

Puis, sur une question de M. le curé de Pujols, l'assemblée discute le rôle des correspondants cantonaux. Ils seront le lien entre les groupes du canton et le comité, les porte-parole de l'union d'arrondissement ; ils devront visiter les groupes et sans cesse être en contact avec ces derniers, ils seront chargés de la correspondance, de l'envoi des tracts de la propagande, etc. On désigne quelques correspondants.

M. le chanoine Boussac soumet à l'approbation de l'Assemblée un projet de réunion d'aumôniers et l'on passe à la lecture du 2e rapport.

N. Teulou, président de la J. C. de Pujols, nous décrit la vie d'un groupe rural pendant la guerre. Ce rapport est la monographie du groupe de Pujols. Deux ou trois jeunes gens appelés chez M. le Curé pendant les soirées d'hiver, après le Congrès de Tonneins, en 1911, décident de former une association. Le noyau se développe. C'est que le jeune rural trouve au presbytère hospitalier, avec le bon accueil, une occasion de causerie aimable et d'honnête récréation. Et la causerie se change en étude des questions religieuses, agricoles, militaires. La récréation devient acte sérieux par l'apostolat — vente de bons journaux, influence de l'exemple. Bref Pujols a su maintenir son groupe par l'esprit sérieux, pratique et chrétien de ses réunions. Bel exemple à suivre, c'est le vœu de tous. Quelle paroisse ne compte deux ou trois jeunes gens résolus ? Que ne peuvent ceux-ci avec un aumônier aimable et zélé ?

Troisième séance d'étude

3e séance d'études. — Les Avant-Gardes, d'ailleurs, seront les pépinières de l'A. C. J. F. L'idée — c'est Pierre Vigneau, membre du comité régional de Bordeaux, qui nous le rappelle — est née à Bordeaux en mars 1907. La 1re communion est trop souvent le tombeau de la vie chrétienne. Il faut sauver ces pauvres petits, il faut préparer des associés à la J. C. Le patronage ouvre plus larges ses portes: l'A. G. est un foyer de vie chrétienne plus intense. Les résultats sont excellents. Le rapporteur en signale de magnifiques. Songez que déjà ces jeunes pratiquent le programme de l'A. C. J. F. : Piété, étude, action. Il faut les préparer: à la piété, par la réception fréquente des sacrements, la pratique du sacrifice, l'entraînement à la maîtrise sur sa volonté ; à l'étude, par le récit des hauts faits de l'Eglise, un catéchisme de persévérance une instruction solide quoique appropriée à leur âge et qui crée dans ces jeunes cerveaux une mentalité catholique capable de lutter contre

la mentalité laïque ; à l'action, par la pratique du bon exemple, la victoire sur le respect humain, la participation à nos fêtes religieuses, la
vente des journaux, l'œuvre des bons livres, Ce beau rapport lu avec
chaleur, conviction, soulève de fréquents applaudissements.

A. Lapeyre, président du groupe St-Pierre et St-Paul de Casseneuil,
dans son rapport écrit avec humour, nous le montre réalisable. Casseneuil possède une A. G. très vivante, avec la prière quotidienne,
les actes d'offrande, les pénitences volontaires, les réunions de ses jeunes membres tour à tour catéchistes volontaires, sacristains, enfants de
chœur, pages pour les corvées de l'A. C. J. F. 22 enfants promettent
d'être plus tard de fervents chrétiens, frères dans la foi et le zèle de
ceux de Saint-Étienne, dont l'assistance et la bonne tenue aux offices,
les communions aux trois degrés, quotidienne, hebdomadaire, mensuelle, sont toutes prometteuses d'espérance.

On applaudit les membres du bureau de l'A. G. de Casseneuil que présente M. l'Abbé Sirech, son ardent aumônier.

En terminant cette troisième séance de travail, Monseigneur résume
les travaux des rapporteurs et les vœux divers qui ont été proposés.
La résolution de cette journée, Montalembert nous l'inspire : « Je
n'ai jamais été et je n'ai jamais voulu être autre chose que catholique. Catholique avant tout ! » C'est le programme des A. G. et de
l'A. C. J. F.

❧❧❧

Le défilé. — A travers les rues de la cité villeneuvoise, à l'ombre de
la vieille tour de Pujols, et le long des remparts défilent, parmi une
assistance nombreuse, impressionnée, émue, vibrante, trois cents jeunes gens venus de tous les points du diocèse : Agen, Le Mas, Le Passage, Tonneins et ses deux groupes, Notre-Dame et Saint-Pierre, Marmande, Clairac, Saint-Georges, Sainte-Catherine, Le Lédat, Saint-
Sernin d'Eysses, Casseneuil, Sainte-Livrade, Pujols, Sembas, La
Grâce, Montmarès, La Sauvetat, Saint-Étienne. Au-dessus de toutes ces têtes frissonnent les drapeaux, Dans ces trois couleurs, où bril-
lent, formant couronne autour de la Croix de Malte, les noms des groupes, passe un vent d'enthousiasme et d'espoir. « Parade » diront quelques-uns. Non, certes. C'est une jeunesse qui se lève, une foi qui s'affir-
me, une volonté qui se montre, une défense qui se prépare, un héroïsme
latent qui éclora demain pour la suprématie des droits de Dieu, de l'E-
glise et des âmes.

❧❧❧

Salut solennel. — Difficilement on pénètre dans l'Eglise ; la foule
y est considérable, elle déborde au loin sur la place. Avec peine, Sa
Grandeur se fraie un passage et le chœur des chanteuses doit reprendre plusieurs fois le *Sacerdos et Pontifex*. Nul ne s'en plaint. Les voix
sont si belles, l'orgue si magistralement tenu ! S'inspirant de la circons-
tance, Congrès et visite pastorale, M. le curé fait d'abord converger
toutes ses pensées vers cette vibrante jeunesse, résolue malgré la guerre
à travailler et agir c'est-à-dire à vivre. Puis il établit sur l'état des âmes
et des œuvres cet intéressant rapport qui semblerait un éloge de la paroisse et qui n'est cependant qu'une exacte monographie. Monseigneur

est en chaire et la foule attend son discours. Il fut superbe. Tout entier à l'idée de cette journée, Monseigneur consacre le temps laissé à sa
parole à l'éloge de l'A. C. J. F. Il nous dit le rôle « des anciens » de
cette jeunesse d'avant guerre qui eut le triple courage de rester chrétienne malgré les reproches qu'on lui adressait de vouloir demeurer
étrangère à la science et au patriotisme — de pratiquer la foi malgré les passions — l'apostolat en dépit du respect humain. Ce sont
nos Associés d'hier qui, à cette heure, élèvent très haut le moral de
nos troupes et servent au rachat, à la rédemption de la France.

Et s'adressant à ceux qui vont partir, il les déclare prêts pour le sacrifice. A ceux qui restent, il promet un bel avenir. La besogne sera
rude ; tout ou à peu près sera à refaire : que ces jeunes soient dignes de leurs aînés.

Puisque ce congrès fut une résurrection, que les associés relisent
souvent le discours de Sa Grandeur. Il est à la fois un éloge et un
programme.

Et voici que le chant final, « Debout chrétiens, fils de France »,
enlevé par le chœur des chanteuses et des congressistes réunis salue
la péroraison épiscopale, la consacre comme un serment.

> Réveillons-nous ! Sachons agir et vivre.
> En haut les cœurs ! Serrons les rangs.
> Le Christ chérit toujours les Francs !
> Formons au Christ son Avant-Garde
> Qu'il règne encor sur nous et qu'il nous garde
> Nos droits, nos foyers, nos autels !

En terminant ce long compte-rendu, j'aime saluer ces jeunes, au nom
de tous ceux qui vécurent ces heures remplies de promesses.

Salut à la cité qui se fit pour eux si accueillante.

Salut à la paroisse qui sut les grouper malgré les obstacles.

Salut au pasteur qui les accueillit, à son auxiliaire dévoué, à ses collaborateurs laïques, vrais émules des Ozanam, des Bazire et des Lerolle.

Salut à tous ces jeunes, à ces petits de l'A. G. venus d'un peu partout,
maintenant disséminés comme une féconde semence et déjà le blé
qui lève.

Nous, vos aînés, vos envieux, nous vous portons l'aide de nos encouragements, de nos sympathies, des fiertés que vous soyez nôtres.

Et puissions-nous, à l'heure de la victoire, au retour de ceux qui se
battent, vous voir réunis à nouveau, eux, glorieux de leurs sacrifices,
vous impatients de reprendre la tâche avec pour cri de ralliement la
fière devise de l'A. C. J. F. : « Dieu d'abord, France toujours ! »

J. DESSORBES

Rapport de Pierre PALOT

Secrétaire du Groupe « A. de Mun » de St-Étienne

L'A. C. J. F. dans l'Arrondissement de Villeneuve

Ce qui existe. — Ce qui reste à faire

Monseigneur,

Dès que Votre Grandeur connut le projet de ce Congrès de Jeunesse Catholique, Elle le bénit et le consacra de sa haute approbation. Aujourd'hui s'imposant un surcroît de labeur dans ces pénibles tournées pastorales déjà surchargées, Elle daigne présider nos séances de travail et donner ainsi à l'A. C. J. F. une preuve nouvelle d'une prédilection maintes fois manifestée. Permettez-nous, Monseigneur, de dire à Votre Grandeur après nos chefs, au nom de nos camarades ici présents, combien nous est précieux ce témoignage de votre bienveillance et combien ardent est notre désir d'y répondre en travaillant à la restauration de la Jeunesse Catholique dans votre diocèse, avec la plus filiale soumission à votre autorité de Pasteur et de Père.

MM. les Aumôniers, mes chers amis,

Ce nous est aussi une douce obligation de vous adresser un respectueux et cordial salut. Salut et merci à MM. les aumôniers des Unions et des groupes qui ont quitté sans hésitation un ministère absorbant pour s'occuper d'une œuvre belle et nécessaire entre toutes : la renaissance religieuse de nos paroisses. Salut et merci à nos chefs des comités régional et départemental, dont la présence rehausse ces solennelles assises et dont l'expérience apportera à notre action lumière et conseils autorisés. Salut et merci à vous tous, chers camarades, qui de loin ou de près avez répondu à notre appel, heureux d'offrir à notre immortelle association votre jeunesse, vos efforts, votre générosité, et fiers de reprendre à la place de nos glorieux morts, la tâche, là où ils l'ont laissée.

En assumant, sous la direction de notre clergé paroissial, l'audacieuse mission d'organiser cette journée, le Comité provisoire s'est proposé non de provoquer une bruyante et vaine démonstration, mais d'exciter les énergies latentes et profondes de l'Association dans la région Villeneuvoise, de mettre les groupes et les jeunes catholiques en contact les uns avec les autres, de leur faire prendre conscience de ce qui existe, de ce qu'il est possible de faire, et de soumettre à leur discussion un plan de propagande et de réorganisation.

Aussi bien tel est l'objet du rapport dont j'ai l'honneur de vous donner lecture.

I. — CE QUI EXISTE.

Afin de connaître l'état des groupes le Comité a envoyé à MM. les Curés de l'arrondissement un double questionnaire sur la J. C. et les A. G. Courrier dépouillé, voici très franchement exposés, les résultats de notre enquête :

Un certain nombre n'ont pas répondu.

Dieu nous garde de toute critique ! Les raisons de ce silence sont si nombreuses qu'elles suffisent à l'expliquer et à l'excuser : mobilisation du curé de la paroisse ; excès de besogne ; impossibilité d'assister au Congrès ; parfois absence de tout groupement ; modestie qui aime le silence ; peut-être de ci, de là un brin de découragement. En revanche c'est avec fierté que nous citons à l'ordre du jour les vaillants qui n'ont pas douté.

De VILLEREAL. — M. l'Archiprêtre, dont le dévouement à l'A. C. J. F. est bien connu, nous écrit : « Personnellement, je ne puis m'y rendre étant seul pour assurer le service du dimanche ; mes jeunes n'ont aucun moyen de vous arriver. — Regrets. — Une bonne partie de ceux que j'ai formés sont à la guerre et y sont restés excellents chrétiens. Peu à peu notre groupe diminue ; chacun part à son tour. Tous mes jeunes sont des communiants, des amis du prêtre, des enfants bien élevés. Je ne comprends de groupe qu'à cette condition ; ceux qui me restent seront unis avec moi de cœur et de prières, à tous ceux qui auront pu dimanche répondre à votre appel. »

Canton de PENNE. — M. le Curé de St-Marcel nous répond que, son groupe fondé en 1911, régulièrement organisé, a tous ses 14 membres mobilisés.

Canton de SAINTE-LIVRADE. — Nous savons qu'il existait avant la guerre un superbe groupe, dont les quelques membres présents nous pourraient renseigner sur sa vie depuis 4 ans.

A SAINT-ETIENNE DE FOUGERES et HAUTERIVE pas de groupe organisé, mais 10 jeunes gens susceptibles d'être réunis. DOLMAYRAC : Fondé en 1908 le groupe s'est peu à peu désagrégé et n'a pu se reformer, faute d'A. G. Pourtant 7 noms nous ont été communiqués.

De MONFLANQUIN. — M. l'archiprêtre nous a dit de vive voix qu'il lui était impossible de venir faute de moyens de communication.

A LA SAUVETAT, le petit groupe St-Michel, fondé en 1917 avec le concours de notre camarade R. Goulpie, composé de 4 membres, tient régulièrement ses réunions d'études tous les 15 jours et assiste aux offices paroissiaux.

Dans le canton de TOURNON nous saluons le vaillant groupe de Saint-Georges, son aumônier et son président un héros décoré de la croix de guerre et de la médaille militaire. Fondé en 1907, affilié en 1908, il compte actuellement 22 mobilisés et 9 membres présents qui suivent avec une régularité exemplaire les offices et les séances d'études tous les 15 jours, du 15 octobre au 15 avril : « Mon groupe, nous écrit M. le Curé, a fait *un grand bien dans la paroisse* ». Un ban pour St-Georges.

CANCON, MONBAHUS répondent : Impossible de venir, mais le canton est superbement représenté par le groupe très florissant de St-Pierre de CASSENEUIL qui compte 32 membres dont 18 mobilisés avec une piété intense, alimentée par des retraites, des communions fréquentes, des cercles d'études régulièrement tenus, son A. G. qui donne plus de consolation encore et dont il nous sera parlé dans le dernier rapport. Un ban pour les 28 membres présents de Casseneuil.

Canton de VILLENEUVE-sur-LOT. — Dans la paroisse Ste-Catherine il existait un groupe de jeunes tenant très régulièrement des séances d'études sous la direction de M. l'Abbé Duffau aujourd'hui à Salonique. Le départ de son cher aumônier et de beaucoup de ses membres l'a désagrégé, mais nous sommes heureux de saluer ici quelques jeunes gens résolus à le faire revivre.

St-SERNIN D'EYSSES. — Son groupe fondé en 1906, disloqué par la guerre, reconstitué en 1917 compte 12 membres qui assistent à un cercle d'études et se trouve ici représenté par 8 jeunes gens.

PUJOLS. — Le groupe St-Louis fondé le 16 Novembre 1907, affilié le 20 décembre 1908, compte actuellement 20 membres dont 8 mobilisés ; assiste régulièrement aux offices, tient ses réunions d'études, chaque jeudi, du mois de Novembre au mois d'Avril. Le rapport qui sera lu dans un instant sera l'écho de sa vie.

M. le curé de MONTMARÈS nous a envoyé une bien sympathique lettre dont nous tenons à le remercier. Son groupe, fondé le 4 mars 1905, affilié le 4 Avril, a tenu régulièrement ses réunions pendant 5 ans ; dispersé, puis reconstitué, il a tous ses membres aux armées ; cependant 7 jeunes gens, espoir de l'Association dans la paroisse, sont ici présents.

Voici le tout jeune groupe St-Géraud du LEDAT et de SOUBIROUS, fondé le 8 octobre 1917 par M. l'Abbé Pons, son ardent et zélé aumônier ; il compte 14 membres dont 3 mobilisés ; possède un bureau, des statuts, tient régulièrement ses séances chaque mardi et attend son affiliation officielle.

Enfin pour être complet, bien que le moi soit ennuyeux, nous devons citer le groupe A. de Mun de St-ÉTIENNE. Organisé selon toutes les exigences des règlements de l'A. C. J. F., affilié le 25 Juillet 1916, il compte 18 membres dont 10 sont mobilisés ou vont l'être. Au point de vue de la piété, tous assistent régulièrement et en commun autant que possible, aux offices paroissiaux ; le plus grand nombre communient plusieurs fois par mois, quelques-uns toutes les semaines, d'autres tous les jours, si bien qu'avec le concours de l'A. G., il a été possible d'y organiser la communion perpétuelle.

Au point de vue de l'étude, il tient régulièrement ses réunions toute l'année, une ou deux fois par semaine. Depuis six mois les jeunes gens ont commencé à faire eux-mêmes des conférences. Au point de vue de l'action, quelques-uns de nos aînés font le cercle d'études aux enfants de l'A. G., aident le clergé paroissial dans le petit patronage. Notre groupe a sa bibliothèque, son bulletin mensuel : *Le Semeur*.

Il a son Avant-Garde qui compte 28 membres de 12 à 15 ans, avec un bureau, un cercle d'études hebdomadaire et son bulletin spécial mensuel : *Entre nous*.

En résumé sur 20 groupes affiliés et fonctionnant au moment de la guerre 16 ont répondu à notre circulaire.

Nous ne voulons pas terminer cette partie de notre rapport sans signaler à l'attention de l'assemblée les relations étroites qui existent entre les divers groupes du canton de VILLENEUVE, relations nouées dans des visites fréquentes et des réunions interparoissiales : *Journée du 18 Mars* 1917 à St-ÉTIENNE qui réunit 57 jeunes gens de PUJOLS, CASSENEUIL, EYSSES, LA GRACE, MONTMARÈS et St-ÉTIENNE. *Journée Eucharistique*, splendide manifestation de foi, le 19 août à St-ÉTIENNE ; 62 jeunes gens ; *Journée de PUJOLS* ; *Journée de CASSENEUIL*, le 22 octobre, qui réunit 102 jeunes gens ou adolescents de CASSENEUIL, LE LEDAT, MONBAHUS, Ste-LIVRADE, St-ÉTIENNE de FOUGÈRE, DOLMAYRAC, St-ÉTIENNE de VILLENEUVE. Ces modestes essais indices, certains d'une vie réelle, d'un réveil d'activité, nous ont conduits au Congrès qu'il nous est donné de contempler aujourd'hui.

Voilà ce qui existe et ce qui a été fait. Certes la carte de guerre de l'A. C. J. F. dans l'arrondissement n'est pas très brillante. Nous croyons quand même avec un invincible espoir au succès, au triomphe de notre cause, si chacun ose regarder en face et accomplir son devoir qui, semble-t-il, s'impose à nous sous une triple forme :

1° Guerre à certains préjugés ;

2° Propagande méthodique et incessante en faveur de l'A. C. J. F.

3° Développement intense de la vie dans les groupes et réorganisation *des centres d'influence et de direction.*

1. Le premier devoir est de détruire certains préjugés dont le plus funeste est sans contredit celui-ci : *il n'y a rien à faire pendant la guerre.* L'expérience, les faits, ce Congrès même démontrent le contraire : Partout où une âme généreuse produit un effort et se donne à l'apostolat, il y a *vie et action.* Partout où l'on sème et cultive : on récolte.

Renvoyer à l'après-guerre tout essai de réorganisation des œuvres de jeunesse et des rouages qui assurent leur vitalité et leur bon fonctionnement serait, à notre humble avis, une erreur qui se payerait de la perte de plusieurs générations. Qu'il y ait des difficultés, nul ne l'ignore ! La plupart des prêtres, ouvriers de cette restauration sont absents, ceux qui restent sont écrasés de labeur ; nos élites sont décimées ou se font tuer sur le front...

Qu'importe ! Jamais œuvre ne fut plus opportune. N'oublions pas que l'on se groupe et s'organise autour de nous, en dehors de nous ou contre nous, et qu'il ne faut pas plus se fier à l'Union!... sacrée d'après guerre qu'au fameux rouleau compresseur...

Enfin croyons-nous, oui ou non, à la communion des saints, à la reversibilité des mérites, à la fécondité des sacrifices de nos héros, en un mot à l'efficacité de la grâce divine ? Si oui ! *A l'œuvre ! Avec Dieu, vouloir c'est pouvoir !*

2. Guerre au fétichisme du nombre : *Le nombre ne fait pas la force, il n'en est que l'illusion.* Evidemment, il n'est pas à dédaigner, mais qui ne sait que ce sont toujours les minorités compactes, éclairées, munies d'un programme net et précis qui mènent les majorités, qu'une poignée d'hommes résolus triomphe des masses ?

Or, dans toute petite paroisse, à plus forte raison dans nos grandes cités ne pourrait-on pas trouver 2 ou 3 jeunes *gens réformés,* blessés ou échappant encore à la conscription, les réunir, les instruire, leur infuser l'esprit d'apostolat, les rattacher au mouvement de l'A. C. J. F. Auxiliaires du clergé dans les patronages, centre d'attraction pour les adolescents, noyau initial du groupe futur, un seul jeune homme peut devenir le pivot de toute une organisation.

3. Guerre à l'erreur qui consiste à croire au succès parfait et facile. Les œuvres de jeunesse étant un perpétuel recommencement, la patience, la persévérance, l'endurance, la ténacité sont les qualités maîtresses de l'apôtre, comme celles du soldat moderne.

Deuxième Tâche : Propagation des doctrines, des méthodes, de l'idéal de l'A. C. J. F. Cette propagande peut être faite par divers moyens : action individuelle, action des groupes, diffusion des tracts, tel le tract n° 7, journaux, réunions interparoissiales, conférences, Congrès de canton, d'arrondissement où les orateurs exposent le programme de l'A. C. J. F. devant des jeunes qui trop souvent l'ignorent. Nos chefs du Comité de BORDEAUX se mettent gracieusement à la disposition de ceux qui les appelleraient à prendre la parole et pour l'arrondissement de

VILLENEUVE, les membres du Comité provisoire offrent leur concours. Il importe par dessus tout de gagner complètement et pratiquement à notre cause l'admirable clergé de nos paroisses. Plusieurs ont visiblement regretté que ce Congrès ayant lieu un dimanche, les obligations du service paroissial les empêchassent d'y assister. Pourquoi ne ferait-on pas, successivement en chaque arrondissement, sur semaine, à une date favorable, durant les vacances, une réunion d'aumôniers pour y traiter de l'A. C. J. F. L'idée, je crois, mérite discussion.

A la propagande travail d'extension s'ajoutera un travail en profondeur. Nos groupes doivent développer en eux une vie toujours intense, et dans ce but nommer un bureau dont les membres choisis parmi les plus actifs et les meilleurs soient des chefs capables d'entraîner les hésitants, de réveiller les endormis, de ramener ceux qui s'égarent. Notre tort à nous jeunes gens, c'est de trop compter sur l'aumônier, de nous décharger sur lui de la besogne, de toute préoccupation de la bonne marche du groupe, comme si celle-ci ne dépendait que de son activité. Nous sommes trop passifs. Développons en nous l'esprit d'initiative et le sens de la responsabilité en concourant par nos efforts à l'œuvre commune.

Puisque nous en sommes aux aveux, allons jusqu'au bout de la confession. N'est-ce pas à nous, mes chers amis, à notre légèreté, à notre inconstance, à notre peur de l'effort, au respect humain, que revient la responsabilité des échecs de la plupart des œuvres de jeunesse ? Quand nos pasteurs, soucieux de nos âmes, justement inquiets de l'avenir de la France compromis par le dévergondage des mœurs, la débauche et l'irréligion tentent de nous grouper, de nous faire réfléchir et étudier sérieusement des questions sérieuses, quand ils nous invitent à prier, à communier, nous cherchons des prétextes pour échapper au groupement, à la discipline, à l'emprise du Christ, et nous reculons devant le devoir par amour du plaisir. Faites un sévère examen de conscience : il en vaut la peine : nous sommes la France de demain. Développons en nous la piété par l'assistance commune aux offices, par la prière et la pratique intégrale de notre foi, par la Sainte Communion : Pas de vie surnaturelle, pas de groupe durable. Développons l'étude par l'assiduité aux cercles tenus chaque semaine, la plus grande partie de l'année, l'action par la formation d'une Avant-Garde, pépinière de la Jeunesse Catholique. Ayons soin de nous maintenir en contact très étroit avec nos aînés qui sont sous les drapeaux, soit par une correspondance régulière assurée par les jeunes gens eux-mêmes, soit par un bulletin polycopié, soit par la revue *Frères d'armes* sur laquelle, n'ayant pas le temps d'insister, je propose une discussion, soit enfin par des réunions amicales en l'honneur de nos permissionnaires. Le groupe actif, imprégné de sève surnaturelle deviendra bien vite sans le savoir, dans la paroisse et pour les alentours un foyer d'influence et de vie chrétienne.

La première condition requise pour la réussite d'un mouvement quelconque c'est la cohésion. Aussi bien les groupes ne resteront pas dans un splendide isolement qui paralyserait leur force. Or cette cohésion est assurée dans l'A. C. J. F. par les diverses Unions : Union Régionale, Union départementale, Union d'arrondissement, Union cantonale.

Le Comité de l'Union Régionale de BORDEAUX, malgré les coupes sombres de la guerre fonctionne toujours grâce au dévouement de son vice-président, de son aumônier, de notre correspondant régional. Notre devoir est de nous tenir en relation étroite avec lui en recevant son bulletin mensuel.

Dans chaque arrondissement un Comité assure la communication des groupes avec l'Union Diocésaine. Le moment n'est-il pas venu, le devoir ne s'impose-t-il pas d'organiser ces comités et d'en assurer le fonctionnement ?

Le groupe Albert de Mun de St-ETIENNE, institué comité provisoire de guerre de VILLENEUVE-sur-LOT, exprime le désir qu'il lui soit adjoint des jeunes gens d'autres paroisses. L'idéal serait que l'on créât des comités cantonaux ; cela est facile là où il y a , au chef-lieu ou dans une paroisse du canton, un groupe affilié qui peut en remplir les fonctions. A défaut de comités parfois impossibles, il nous paraît nécessaire de désigner des correspondants cantonaux : Comités ou correspondants seraient les propagateurs de notre doctrine, susciteraient des réunions dans les diverses paroisses de leur ressort, en un mot contribueraient au développement de l'Association dans leur région, secondant ainsi l'action du comité d'arrondissement. Que ces îlots d'apostolat se multiplient, la Jeunesse Catholique reverra bientôt de beaux jours.

Chers camarades, je vous laisse ce mot d'ordre : Vive labeur ! Tandis que nos aînés se font tuer sur le front pour que nous vivions nous jeunes Français de l'arrière, travaillons à notre poste dans l'A. C. J. F. à rendre la France plus chrétienne digne de la victoire qu'elle attend.

Le Congrès émet le vœu :

1. Que les apôtres de l'Association mettent à la base de leur action ces trois principes :

Guerre au préjugé : « c'est la guerre, rien à faire. » Le nombre ne fait pas la force il n'en est que l'illusion. Persévérer, tenir avec endurance, c'est réussir.

2. Qu'une propagande méthodique soit organisée en faveur de l'A. C. J. F. par conférences, tracts, réunions interparoissiales, cantonales et réunions d'aumôniers.

3. Que les groupes sous l'influence d'un bureau actif rendent plus intenses en eux la piété, l'étude et l'action.

4. Que des Centres de direction et d'influence soient organisés par la création de comités d'arrondissement, de comités cantonaux et à défaut de ceux-ci de correspondants cantonaux pris dans les groupes affiliés.

Rapport de Nelson TEULOU

Président du Groupe St-Louis de Pujols

Comment susciter un Groupe rural
et y maintenir la vie et l'étude pendant la guerre

Monseigneur,

Mes chers camarades,

Pour traiter un sujet de cette importance et en parler convenablement, il aurait fallu une parole plus exercée que la mienne. Cette belle assemblée compte des camarades plus instruits qui auraient eu un talent et une expérience que je ne possède pas. Le maniement de la charrue m'est plus familier que celui de la plume. Permettez-moi donc de compter sur votre indulgence.

La terrible et funeste guerre a porté partout la désolation et la mort, Toutes les forces vives de la nation : agriculture, industrie, commerce, organisations sociales et religieuses, en ont ressenti les plus durs contre-coups.

Mais on peut dire, sans exagération, qu'aucune n'a subi une atteinte plus forte que l'Association Catholique de la Jeunesse Française. Appelés en majeure partie sous les armes au premier coup du tocsin, ses membres qui constituaient nos groupes d'avant-guerre, sont aujourd'hui mobilisés dans la totalité.

Dès le début également le jeune Clergé, ressort vital de nos groupes de jeunesse, a été arraché presque partout au ministère paroissial. Et c'est ainsi qu'au premier jour des hostilités, un obus meurtrier est venu frapper notre chère Association.

Depuis, et on peut l'affirmer sans contredit, je crois, l'A. C. J. F., dans notre département de Lot-et-Garonne, comme dans les autres régions de la France, a vu son mouvement se ralentir et s'arrêter presque entièrement.

Est-ce à dire, mes chers camarades, que son sort soit à tout jamais compromis ?

Ah ! certes, loin de moi une telle pensée, et si d'ailleurs elle m'était venue, vos rangs pressés dans ce magnifique Congrès, ne me donneraient-ils pas le plus formel démenti ?

Nos groupes doivent reprendre la vie et l'action sans plus tarder. Inutile de s'arrêter à démontrer la nécessité de former une jeunesse chrétienne pour remplacer nos aînés tombés glorieusement pour la Patrie.

Tout le monde convient qu'il faudra demain des âmes d'apôtres pour travailler ardemment et efficacement au relèvement chrétien et social de la France.

C'est dans nos groupes reconstitués, vivants et agissants, que doit se recruter et se former cette légion nouvelle.

Mais comment établir les cadres de l'A. C. J. F., susciter des groupes surtout à la campagne, où les difficultés semblent beaucoup plus grandes qu'à la ville et entretenir la vie et l'étude au sein des groupes ?

C'est le problème dont m'a chargé la commission d'organisation du Congrès.

Pour le résoudre, Monseigneur et mes chers camarades, je compte plus sur votre concours, dans l'échange de vues qui suivra ce modeste rapport, que sur ma propre force et ma trop jeune expérience.

Dans les agglomérations urbaines la formation d'un groupe et son recrutement offrent bien moins de difficultés qu'à la campagne. Là, on peut aisément réunir un noyau de jeunes gens cultivés tout disposés à l'étude.

Dans les petites paroisses rurales n'existent ordinairement ni patronages, ni sociétés sportives, pépinières où pourrait se faire le choix des jeunes, destinés à former ou à alimenter un groupe local de Jeunesse Catholique.

Les jeunes de 15 à 18 ans, qui vivent à la campagne, ne sont d'habitude enclins ni à la réflexion, ni à l'étude ; mais le plus souvent à cet âge, ils ne veulent obéir qu'au goût et à l'entraînement des amusements et des distractions. Souvent aussi, disséminés sur tous les points d'une commune, il sont, pour la plupart, éloignés du centre où pourraient se tenir les réunions des groupes.

Ajoutons encore à tout cela que bien des prêtres absents de leurs paroisses ne peuvent plus, pour le moment, concourir à organiser et à diriger les œuvres de Jeunesse.

Il semble donc que demander en pareil cas la formation de groupes de Jeunesse Catholique, c'est exiger l'impossible, c'est vouloir faire une omelette sans œufs et sans cuisinier.

Les difficultés, quoique sérieuses, pourtant, ne sont pas insurmontables. L'expérience est là pour le démontrer.

Il serait téméraire de tracer des règles fixes et invariables pour la formation de nos groupes.

Il y a certains principes généraux qu'il est absolument nécessaire de connaître ; quand au reste, il faut se conformer aux circonstances, à la mentalité du milieu.

La méthode peut varier avec chaque cas particulier.

A qui veut fonder un groupe de Jeunesse, un premier devoir s'impose : faire un choix parmi les éléments qu'il a sous la main, discerner parmi les jeunes gens, ceux qui par leur esprit d'initiative lui semblent capables de prendre goût à l'étude et de devenir apôtres dirigeants.

Le nombre doit bien moins préoccuper que la qualité. Dira-t-on qu'il y a des régions ingrates, où, malgré tous les efforts on ne pourrait réunir que deux ou trois jeunes gens indispensables à un début, si modeste soit-il ?

Presque toujours ce sont les prêtres, partout où il s'en trouve, qui devront prendre l'initiative. Ils doivent commencer par former individuellement ces deux ou trois jeunes gens dont je viens de parler et, si l'occasion s'en présente, ils les conduiront à un Congrès pour les mettre en rapport avec d'autres jeunes gens dont la vie est consacrée à l'apostolat.

Un jour ou l'autre la flamme du zèle se communiquera à l'âme de ces jeunes gens. Ils constitueront un groupe de Jeunesse Catholique dont les membres, formant le petit noyau, apprendront à acquérir des habitudes de piété et de dévouement social. Ils prendront de l'influence autour d'eux et c'est par eux que le bien commencera à se faire insensiblement.

Que de groupes de Jeunesse Catholique ont été fondés ainsi sur une loire ingrate et ont pu, malgré les difficultés du début, donner un démenti éclatant aux désespérés qui prétendaient qu'il n'y avait rien à faire.

C'est avec trois jeunes gens, appelés souvent individuellement ou en groupe à passer des soirées d'hiver au presbytère, que le Curé de ma paroisse commença à fonder en 1907 le groupe Saint-Louis. Celui-ci, favorisé dans son éclosion par le Congrès de Tonneins, auquel assistèrent les trois membres fondateurs, se développa progressivement et put envoyer, trois ans plus tard, le 26 mars 1911, sept membres au Congrès régional d'Agen.

Si au cours de cet entretien avec vous, mes chers camarades, je parle quelquefois du groupe rural auquel je suis heureux d'appartenir, c'est afin de vous peindre des choses vécues, mais nullement avec la prétention de croire que nous faisons mieux qu'ailleurs.

Une pensée s'est présentée à moi au cours de ce travail et je tiens à vous la soumettre ici.

Pourquoi, me suis-je demandé, pour travailler au relèvement de notre chère Association, plusieurs d'entre nous, de préférence dans les paroisses sans prêtre, ne s'efforceraient-ils pas de suppléer à l'action du clergé et n'exerceraient-ils pas leur petite influence à faire enrôler dans un groupe local, nouvellement fondé ou restauré, ou dans un groupe voisin, certains jeunes gens qui ne connaissent ni l'existence, ni le but de l'A. C. J. F. ?

La question de distance n'entre plus en ligne de compte à l'époque où la bicyclette est devenue le moyen de transport habituel de la jeunesse.

Ne serait-ce pas ainsi contribuer à décupler les forces vives dont aura besoin notre France dans le travail de régénération de l'après-guerre ?

Tout n'est pas de constituer des groupes, il faut encore les faire durer, c'est-à-dire y entretenir la vie.

Pour certains, hélas ! l'année qui les avait vus naître, les vit aussi mourir.

Sans prétendre encore ici tracer des règles fixes et invariables, je signalerai les principaux moyens qui me paraissent le plus aider à faire aimer les groupes de Jeunesse Catholique et à y attirer.

Pour se décider à venir régulièrement aux séances, le jeune homme doit y sentir des attraits.

Un des premiers, (que la réunion ait lieu dans un local spécial ou au presbytère) sera pour lui d'y être bien accueilli et de s'y sentir un peu chez lui.

Aussi sera-t-il heureux d'y rencontrer un aumônier avenant et affable.

La jeunesse ne sait pas résister au dévouement et à l'affection ; mais elle n'aime pas voir en face un front toujours sombre et sévère. Même sous les cheveux blancs le jeune homme veut encore trouver un cœur jeune.

La salle pourra être, avant la séance d'étude, un lieu de causerie ou de jeux honnêtes et récréatifs. C'est un des bons moyens de joindre l'agréable à l'utile, et après la distraction, de faire mieux accepter l'étude.

Si, dans le groupe Saint-Louis, nous interdisions aux jeunes gens arrivés souvent une heure ou une demie-heure avant la séance d'études, la partie de nain-jaune, ou de manille ou autre jeu de même genre, ce serait s'exposer, je le crains, à voir venir les membres moins assidûment à nos réunions hebdomadaires d'hiver et peut-être même à les voir finalement déserter par un certain nombre.

Certains, pour y venir, n'ont pas eu à parcourir moins de 6 à 7 kilomètres. Ils ont fait ce chemin sans trop de peine, à la pensée qu'ils vont passer comme une soirée en famille où ils se communiqueront les nouvelles de leurs aînés du front ; chacun est content de faire part des lettres de camarades qu'il a reçues dans la semaine, et tous écoutent avec beaucoup de plaisir les lettres souvent émouvantes de leurs camarades soldats à l'aumônier. C'est là un des plus doux attraits de la réunion. Il est dû à la guerre, sans doute, mais si la guerre fait hélas ! beaucoup de ravages et de mal par certains côtés, la Providence aura voulu qu'elle serve aussi au bien par d'autres.

Il est bon, en outre, qu'un lien matériel unisse les membres pour qu'ils s'attachent davantage à leur groupe et ne le quittent pas au moindre découragement : cotisations pour les frais généraux du groupe et du comité général de l'Association ; abonnement aux périodiques dont la lecture développera dans les membres l'esprit de l'A. C. J. F. On s'attache toujours à l'œuvre qui nous a coûté des fatigues et de l'argent. Mais tous ces moyens finiraient par être vains, s'ils ne devaient amener au but principal, c'est-à-dire à l'étude qui développe la piété et l'action.

Le jeune homme doit devenir un chrétien solide et un bon citoyen. Ce n'est que par l'étude qu'il fera son éducation religieuse et sociale. Voilà pourquoi l'A. C. J. F. a créé au sein des groupes de Jeunesse des séances de travail qu'on a appelées Cercles d'Etudes.

« Le Cercle d'Etudes, écrit l'abbé Leleu dans l'excellent tract qu'il a composé sur ce sujet, n'est autre chose qu'une réunion où, par un travail fraternel, on s'efforce d'acquérir le complément d'instruction et de formation religieuses, morales et sociales, nécessaire aujourd'hui non seulement pour être un honnête homme, citoyen conscient et chrétien convaincu, mais aussi pour exercer une influence autour de soi et agir efficacement dans le milieu où l'on vit. » Que faire étudier ? D'une manière générale tout ce qui peut rendre service.

On étudiera d'abord la religion pour n'être pas pris au dépourvu par les attaques de ses ennemis : que d'hommes ignorent le détail de leur catéchisme ?

Il y a ensuite les questions professionnelles ; à la campagne : agriculture, élevage, machines agricoles, etc.

Les faits d'actualité : événements de la guerre, aviation, guerre sous-marine, etc. ; les pupilles de la guerre, rétablissement des relations entre l'Etat Français et le Vatican, etc...

Les sujets sociaux de toute espèce, envisagés d'un point de vue pratique, avec la volonté d'apercevoir les solutions possibles.

Une bonne organisation d'un Cercle d'Etudes est indispensable.

La réunion devra avoir lieu une fois par semaine et autant que possible à jour et à heure fixes.

Un bureau avec président et secrétaire sera constitué pour l'année.

Après la récitation d'une courte prière et la lecture d'une page de l'Evangile, le secrétaire lira le procès-verbal de la séance précédente, qu'il est bon de consigner sur un registre spécial.

Aussitôt après, l'aumônier fera bien de consacrer dix minutes ou un quart d'heure au plus, à exposer quelque point du dogme ou de la morale.

Le reste du temps devra être employé à l'étude des questions du programme de la séance.

La séance de travail ne devra pas dépasser ordinairement une heure. Prolongée bien au-delà de ce temps, elle finirait par inspirer au jeune auditoire plus de dégoût que du plaisir ou de l'intérêt. Ne faut-il pas tenir compte que, depuis le début de la guerre, nos groupes n'ont plus que des jeunes gens de 15 à 18 ans ?

Quelle forme donner à l'étude pour la rendre attrayante ? Tantôt le sujet sera traité brièvement par écrit, tantôt il pourra consister en une lecture. La discussion s'ouvrira aussitôt entre tous les membres de la réunion.

S'il est nécessaire, l'aumônier émettra une réflexion ou une objection pour faire ouvrir la causerie et amorcer ainsi la discussion.

Parfois le directeur du groupe donnera une objection courante à résoudre par écrit à la séance suivante : c'est un excellent moyen de provoquer un effet général de travail auprès de nos jeunes gens.

On pourra se contenter, d'autres fois, d'une causerie dirigée par le directeur du Cercle d'Etudes, permettant à chacun de dire son mot. Et si parfois les timides hésitent à dire leur pensée, il faudra les encourager, en les y aidant, à exprimer leurs idées et leur témoigner toujours beaucoup de bienveillance.

Dans la discussion, il faudra de la liberté, de l'entrain, et parfois un grain de gaieté ; un Cercle de jeunes gens ne doit pas être une assemblée de sénateurs austères.

Telle est la méthode adoptée par notre groupe de Pujols. Elle conduira nos jeunes gens à aimer l'étude et à devenir instruits. En y restant attaché avec persévérance, un groupe de Jeunesse Catholique deviendra peu à peu un foyer de foi rayonnante. Ses membres, réalisant la belle devise de l'A. C. J. F., donneront l'espérance d'être les champions des idées chrétiennes qui devront régénérer la France d'après-guerre !

VŒUX

Deux vœux à formuler en conclusion :

1° Que dans notre arrondissement de Villeneuve se reforment pour vivre désormais et agir, les groupes ruraux éteints pendant la guerre.

2° Que dans les paroisses où ne se trouve pas de prêtre pour organiser, des jeunes gens travaillent à enrôler des jeunes pour rétablir ou fonder des groupes de J. C., ou les annexer dans des groupes de localités voisines.

Rapport de Pierre VIGNEAU

Membre du Comité Régional du S. O.

Des A. G. — Pourquoi ? — Comment ?

Monseigneur,

Messieurs,

Mes chers amis,

Quand les organisateurs de cette belle manifestation de Jeunesse Catholique m'ont demandé de prendre la parole aujourd'hui, j'ai accepté avec d'autant plus de plaisir que le sujet que l'on me proposait était des plus intéressants : Pourquoi faut-il des Avant-Gardes et comment peut-on les organiser ?

C'est là une question de la plus grande importance pour l'Association Catholique de la Jeunesse Française, je pourrais même dire que l'A. G. en est le principe vital, ou, en usant d'une comparaison bien souvent employée, l'A. G. est au groupe de J. C. ce que la racine est à l'arbre. De même que celle-ci puise dans le sol la sève nourricière pour l'envoyer jusqu'au tronc, de même l'A. G. puise dans la masse des enfants ceux qui lui semblent les plus aptes pour devenir plus tard les membres actifs d'un groupe de J. C.

En ce temps de guerre où nous entendons raconter chaque jour tant et tant de faits d'armes glorieux, ce mot « Avant-Garde » résonne à nos oreilles comme un mot magique ; il évoque en nous l'image de ces jeunes héros qui, aux avant-postes, supportent les premiers coups de l'ennemi. Ici, dans notre esprit de membre de la J. C. il désigne d'après la définition donnée par le Guide des A. G. des « groupements d'enfants ayant moins de quinze ans, créés en vue d'assurer à leurs membres, en même temps que la persévérance religieuse, la formation chrétienne et sociale nécessaire aux jeunes catholiques de notre temps, et leur préparation à l'A. C. J. F. »

Je n'ai pas l'intention de vous faire aujourd'hui l'historique des A. G. ; je vous dirai simplement que c'est au Congrès de Bordeaux en Mars 1907 que l'on entendit parler pour la première fois des A. G. L'idée parut séduisante, on l'adopta ; depuis lors le mouvement s'est développé avec rapidité, et au début de 1914 le nombre des A. G. était déjà assez élevé. Mais la guerre a tout ou presque tout désorganisé ; aussi, me suis-je proposé d'éveiller aujourd'hui en vous cette idée que, un groupe de J. C. n'est assuré d'un brillant avenir que s'il a à ses côtés une A. G. florissante.

La période qui suit immédiatement l'époque de la première communion est pour l'enfant et en particulier pour les garçons une des plus difficiles à franchir, une des plus redoutables au point de vue moral ; et, comme l'a dit M. l'abbé Vautier au début de son ouvrage sur les A. G. : « La première communion est pour beaucoup d'enfants le tombeau de la vie chrétienne. » A ce moment, en effet, l'enfant soustrait à l'influence du prêtre à l'âge où il en aurait le plus besoin, entouré souvent de parents indifférents, l'enfant, dis-je, va se fondre dans la masse ; il voit deux routes qui s'ouvrent devant lui ; l'une pleine d'une foule agitée, descend bien loin, et ses regards ne devinent sur cette route que des plaisirs et des distractions ; l'autre triste et pénible monte jusqu'à l'infini et ses yeux n'y découvrent que peines et règlements. Laquelle va-t-il prendre ? Ses camarades tâchent de l'entraîner dans la voie des plaisirs et des réjouissances ; il hésite, il voit certains de ses anciens compagnons du Catéchisme s'engager dans celle qui lui semble triste, il va les suivre, déjà il fait un mouvement pour les rejoindre ; mais non, le respect humain est là qui le retient, les petits démons se moquent de lui, il rougit ; c'est à ce moment qu'il faut venir à son secours, pour l'aider à franchir ce profond précipice où il est sur le point de s'abîmer ; il faut lui montrer tous les avantages qu'il trouvera en prenant la bonne voie ; il faut lui apprendre que la vie n'est pas faite de plaisirs et qu'il y a souvent des moments pénibles à traverser ; il faut enfin lui montrer à quelles ruines physiques et morales le mènerait la voie de débauche où ses mauvaises compagnies essaient de l'entraîner.

Pour arriver à ce but le meilleur moyen consiste à réunir fréquemment ces faiblesses exposées ; il ne s'agit pas de lui faire une sorte de Catéchisme de Persévérance, car, l'enfant qui voit ses anciens camarades de classe s'amuser pendant que lui écoute les doctes enseignements de son pasteur, s'ennuierait vite, il ne prendrait aucun intérêt au travail, puis, finalement, tournerait sur lui-même, et s'en irait au plus vite retrouver des compagnons plus gais. Aussi bien le Prêtre, un peu partout, les retient auprès de lui dans un apostolat incessant.

Il les réunit le dimanche de préférence, avant ou après les offices, en une réunion de caractère familial, il tâche de les distraire tout en les instruisant il appelle, s'il le faut, à son secours des jeunes gens, bons chrétiens, et cela est facile s'il existe déjà dans la paroisse un Groupe de J. C. ; alors les petits, voyant qu'on s'occupe d'eux, prennent plaisir à la tâche, reviennent le dimanche suivant, et l'A. G. est créée ; on n'a plus qu'à l'entretenir et à la rendre vivante par des moyens dont nous parlerons tout à l'heure, et, deux ou trois ans après sa fondation, l'A. G. pourra être une réserve précieuse pour fonder un groupe de J. C. ou pour lui fournir de bonnes ressources s'il existe déjà. Oui, direz-vous, mais combien persévéreront ? Nous avons déjà essayé, nous croyions avoir réussi, mais un beau jour, ils firent une mauvaise rencontre, ils vinrent avec moins d'assiduité aux réunions du soir, quelques-uns même abandonnèrent peu à peu les pratiques de leur religion, et à l'époque où j'espérais les voir rentrer dans les rangs de la J. C. il ne m'en restait plus que deux ou trois ; je vous réponds, tant mieux, ces deux ou trois étaient les meilleurs, et il vaut mieux être deux ou trois bons que vingt ou trente mauvais ou même indifférents. D'ailleurs s'il y en avait deux ou trois seulement par an dans chaque paroisse, regardez donc combien de recrues cela ferait par an pour l'A. C. J. F.

A ce propos, dans un article paru dans les *Annales* le 10 Juillet 1910, M. l'abbé Soulé établissait la statistique suivante : « Mettons, disait-il, que le nombre des garçons confirmés cette années s'élève à 2.000, en chiffre rond. Si l'on conservait seulement 10 % de ces confirmés dans les A. G. c'est 200 garçons que l'on préparerait pour l'avenir, et si sur ce nombre, la moitié seulement devait persévérer, c'est encore 100 recrues de choix qui viendraient, à l'âge de 16 ans, grossir les rangs de la J. C. Nous serions le plus beau régiment de France, si on voulait !! Autre exemple : Dans « *Le Semeur* » de septembre 1017, M. l'abbé Ducasse, aumônier du groupe St-Etienne de Villeneuve, après avoir raconté toutes les inquiétudes que lui avait données son A. G., en indiquait les heureux résultats. Sur 41 enfants de 11 à 14 ans entrés dans l'A. G. depuis 1914, 3 ont abandonné toute pratique religieuse, 10 ont quitté la paroisse, 27 sont restés fidèles aux réunions. Vous voyez donc qu'il ne faut jamais désespérer, et que si on veut on peut facilement organiser une A. G. dans toutes les paroisses, et cela à la ville comme à la campagne.

Quelle est la méthode à suivre pour capter ces enfants à la sortie du catéchisme, les instruire tout en les intéressant et les mener jusqu'au groupe de J. C. ? D'abord il faut choisir les enfants, de préférence parmi les meilleurs du patronage s'il y en a un, mais il ne faudrait pas rejeter les autres pour s'occuper uniquement de l'élite, car ils peuvent eux aussi se former par contact. Pour entrer dans l'A. G. il est absolument nécessaire que l'enfant veuille se perfectionner au point de vue religieux et moral, il faut qu'il ait le désir de donner partout le bon exemple, et il faut qu'il soit décidé à l'action. C'est là le programme même de l'A. C. J. F., mais adapté à l'âge et aux caractères des enfants, comme le sont, dans les études historiques et grammaticales les cours, gradués suivant la capacité des élèves. L'A. G. est donc comme l'A. C. J. F., une école de formation ; formation de l'enfant à la piété, à l'étude et à l'apostolat.

Nous allons passer en revue les différents moyens pour atteindre ces trois buts.

Pour ce qui est de la piété, il est tout d'abord nécessaire de faire comprendre à l'enfant que la piété ne consiste pas seulement à marmotter des prières, mais aussi à accomplir des actes de volonté et d'abnégation. Il ne faut pas dire : « Mon Dieu je vous aime et j'aime aussi mon prochain », il faut le prouver. Puis on leur montre la puissance des sacrements, on les fait communier fréquemment ; la communion et la pénitence ne nuisent pas à l'entrain et à la joie bruyante des enfants ; ils seront toujours légers, car c'est de leur âge, mais il leur viendra peu à peu comme une répugnance du mal, et à 15 ans ils seront pieux dans toute la force du mot.

Pour ce qui est de l'étude, on s'est souvent effrayé de ce mot : « Quel grand mot pour des enfants étourdis, qui ne pensent qu'à s'amuser » ; a-t-on répété. En réalité, on ne veut pas en faire de petits prodiges, capables de répondre aux plus grands parleurs ; on veut simplement leur former une mentalité ; pour aimer la religion, il faut la bien connaître ; on leur fera un catéchisme détaillé, on leur racontera l'histoire de l'Eglise, des martyrs et en particulier de N.-S. ; enfin on leur dira quelques mots sur l'A. C. J. F. Il faut, comme le dit le Guide, leur inculquer les principes religieux, sociaux, civiques : « Que de temps gagné, si tous les membres des groupes de l'A. C. J. F. possédaient à fond leurs principes, c'est-à-dire le minimum de ce qu'un chrétien doit savoir, surtout en matière religieuse. On éviterait des discussions inutiles, et on dissiperait bien des préjugés.

Je vais vous lire à ce propos quelques vers intitulés « Nous sommes les petits », où l'on montre que malgré son jeune âge, l'enfant peut répondre à certaines objections sottes, et pourtant si souvent renouvelées; on peut lui apprendre la saine doctrine, et à son tour il peut devenir capable d'exposer les vrais et sains principes de la religion. Les enfants disent :

« Nous sommes les petits ! On rit en apprenant
Que chacun doit chez nous faire sa conférence.
— Mais à l'Académie es-tu donc aspirant ?
Crois-tu que tes discours convertiront la France ?

— O railleur qui tremblez quand un monsieur moqueur,
Rabâche contre Dieu quelque vieille sottise,
Eh bien ! Nous, les petits, nous avons plus de cœur,
Nous saurons leur répondre et défendre l'Eglise ! »

Quant à la formation à l'apostolat, on a dit aussi que c'était une chimère ; ici aussi on s'est mépris sur notre but ; nous ne voulons pas leur faire faire des conférences publiques ; mais nous nous appuyons sur ce principe que « qui aime doit savoir se dévouer ». Nous leur demandons aussi de donner partout le bon exemple, et de là à vendre les bons journaux à la porte de l'église, il n'y a qu'un pas ; ils s'en acquittent d'ailleurs avec naïveté et sans crainte.

Pour arriver à ce triple résultat, je ne dirai pas qu'il faut au prêtre une grande patience ; il doit pouvoir les recevoir à chaque instant, ne dédaigner aucune question. Qui mieux que lui soit se faire aimer des enfants, leur inspirer confiance, s'adapter à leur intelligence, les intéresser, sans leur parler abstraitement, car pour ces enfants il faut des faits.

Dans la réunion, on doit éviter la monotonie, car « l'ennui naquit un jour de l'uniformité », l'enfant ne reviendrait pas. Il n'a cure de la logique ; il lui faut au contraire des sujets variés ; il ne faut pas toujours parler, mais il est bon de les interroger souvent. Pour les intéresser à l'étude, on entretiendra entre eux l'émulation, en favorisant certaines initiatives comme l'ornementation de la salle, l'organisation d'une bibliothèque, en créant des fonctions, en organisant des concours.

Seul, il est difficile de réaliser cette triple formation, mais s'il existe déjà un Cercle d'A. C. J. F. dans le pays, le prêtre y trouvera des aides dévoués qui feront des conférences aux petits et se mêleront à leurs jeux.

Ainsi compris un Cercle d'Etudes intéresse les enfants ; ils voudraient même davantage, et ils en parlent sans cesse. Les parents punissent parfois les enfants en les privant d'assister à une réunion ; or, on ne punit qu'en privant de ce que l'on aime.

Il faut des A. G., il ne faut pas avoir sur ce point d'hésitation ; il en faut à la ville comme à la campagne ; il en faut dans les collèges, pour se procurer de futurs membres de la J. C.

Dans le Lot-et-Garonne, il n'y en a pas assez ; je n'en ai pour ma part connaissance que de 8 : celle de la paroisse St-Etienne de Villeneuve, celles de Casseneuil, de Fauguerolles, de St-Marcel, de Pujols, du Lédat, de la Cathédrale d'Agen et du Passage-d'Agen.

Il en faut davantage ; créez, créez des A. G. ; c'est de chez elles que nous viendra notre contingent annuel, nos meilleures recrues ; elles auront l'âme nourrie de J. C.. Elles seront habituées à l'effort ; et elles dirigeront les autres.

La destinée de l'A. C. J. F. repose sur les A. G. « A ces conditions, mais à ces conditions seulement, disait Henry Jarry, nous pourrons bientôt constater les heureux résultats de ce grand mouvement. Il y a un effort à faire pour qu'il ne dévie pas de son but, l'intérêt même de l'Association y est engagé, et cette raison doit suffire pour nous décider tous à y travailler avec plus d'ardeur. »

Rapport de Albério LAPEYRE

Président du Groupe St-Pierre et St-Paul de Casseneuil

Une A. G. dans une Paroisse Rurale

Monseigneur,

Messieurs les aumôniers,

Mes chers amis,

Je suis tout confus de prendre la parole, et de vous entretenir de notre Avant-Garde. Je le ferai aussi brièvement que possible afin de ne point fatiguer votre attention toujours si bienveillante pour les jeunes, et aussi de ne point trop allonger cette intéressante séance d'étude.

Pour créer notre avant-garde nous avons dû élargir les règles de l'A. C. J. F. et prendre des enfants dès le moment de leur communion privée. Avec l'ambiance malsaine et mauvaise il n'est jamais trop tôt, croyez-le bien, pour essayer de garder pure l'âme de l'enfant et de développer graduellement en lui, tous les nobles et bons sentiments.

A la première séance qui suivit notre Congrès de Casseneuil, nous créâmes le bureau de l'Avant-Garde. Un président, deux vice-présidents, deux secrétaires, un trésorier. Ne souriez pas en voyant deux vice-présidents, deux secrétaires, comme partout en Gascogne, nous aimons les galons, et puis ça ne coûte rien.

Le 26 octobre, notre aumônier après la messe des enfants, les réunit tous dans la salle St-Pierre, et reprenant la thèse de notre cher et regretté ami, Pierre Senchou, thèse développée par lui au Congrès d'arrondissement de Villeneuve en 1913, M. l'abbé expliqua que, du patronage, devait sortir une élite qui devait donner à tous l'exemple des vertus chrétiennes par beaucoup de piété et d'étude. De là, l'absolue nécessité de se grouper en Avant-Garde, qu'on appellerait Congrégation du Sacré-Cœur de Jésus, espoir et salut de la France.

Pour être de notre avant-garde il faut :

1° Payer chaque semaine une cotisation de 0 fr.05.

2° Communier au moins 2 fois le mois.

3° Porter ostensiblement sur sa poitrine l'insigne du Sacré-Cœur, e. tous les matins réciter la prière suivante : « Divin Cœur de Jésus, je vous offre par le Cœur immaculé de Marie, les prières, les œuvres, les fatigues, les travaux, les peines, les joies et les larmes de cette journée en réparation de nos offenses, pour la victoire de la France, le salut éternel de ceux qui meurent pour elle et la restauration chrétienne de notre patrie libérée ». (1)

4° Assister à la séance d'étude obligatoire du jeudi.

5° Faire de l'apostolat auprès des garçons, par sa sagesse, sa bonne tenue, son obéissance, sa piété.

M. l'aumônier sachant que tout ce qui est neuf est beau, ne voulut accepter les adhésions avant la huitaine.

A la première séance officielle, 16 enfants donnèrent leurs noms ; le vice-président un peu ému, puisque quelques larmes tombèrent, nous

____

(1) Cette prière est celle de la croisade des enfants pour la France dont le centre est à Bordeaux.

dit le rapport, en quelques petits mots remercia ces premiers adhérents.

Entre temps, le mauvais camarade, celui qui dans toutes les œuvres de Dieu est l'agent du diable, fit son travail et l'esprit frondeur passa dans quelques cervelles ; et voilà qu'à peine née nous craignions la mort de notre avant-garde. Il y eut quelques défections ; quelques-uns abandonnèrent le groupe, nous dit le rapport du 13 novembre « de peur d'être trop sages ». Et c'est bien cela. Mais le Sacré-Cœur veillait, et depuis lors, il n'y a plus eu de défections, au contraire, il y a progrès, lent sans doute, mais progrès.

Tous les jeudis après la messe des enfants, qu'ils soient du groupe ou non, tous les garçons se rendent dans la salle St-Pierre, notre salle de Cinéma, actuellement occupée par l'école St-Jean.

La prière est faite à tour de rôle par l'un des vice-présidents qui lit ensuite un tout petit discours, personnellement fait, fruit de son travail et des quelques réflexions échangées avec les membres du bureau ou M. l'aumônier. M. l'aumônier commente, développe, éclaircit, et, par des exemples pris sur le vif, nous fait à tous, grands et petits, le plus grand bien.

Ensuite a lieu la leçon de catéchisme, la récitation d'abord, et c'est ici que les membres du bureau, dont je ne veux taire les noms, Paul Courty, René Fabre, Raoul Labade et Hélie Régnier, deviennent les auxiliaires de M. l'abbé. Ils font réciter les leçons en entier, aident les paresseux à étudier, et aux tout petits, à ceux qui ne savent encore lire, apprennent la prière et les éléments essentiels de notre foi.

Il y a trois cours de Catéchisme : le petit, le moyen et le grand, et aux pendules de Casseneuil, l'heure passe très vite, (surtout la nouvelle heure) grâce donc à ces bons et dévoués catéchistes, non seulement du jeudi, mais des lundi, mardi, mercredi et samedi, chacun récite sa leçon en entier et reçoit, qui son bon point, qui sa petite punition : A chacun ce qui lui revient. Quand tous ont récité M. l'abbé explique la leçon suivante et nos petits catéchistes redeviennent alors de dociles élèves.

Ensuite est lu par un des secrétaires le rapport de la séance précédente, rapport malicieux quelquefois, bien que le rapporteur n'ait que 12 ou 13 ans. En voulez-vous quelques phrases : 10 Janvier. « Ce sermon a été dit sans sourciller et notre ami n'a pas pleuré bêtement comme lors de son premier. » 31 Janvier. « L'autre rapporteur est malade ; mais moi j'ai fait le paresseux et n'ai pas fait le rapport de Jeudi dernier. J'ai beaucoup de frères dans la paresse, aussi tous la pardonneront. « Le 7 Mars. « Notre vice-président est absent, malade ? non, il fait de la flanelle. »

A nos réunions du mercredi soir nous prenons connaissance de ces rapports et nous y trouvons souvent de délicieuses choses et de généreuses leçons : par exemple celle d'aller tous les matins et tous les soirs passer quelques rapides minutes devant le St-Sacrement. Nos petits appellent cela aller saluer le Bon Dieu.

La prière termine toutes les réunions du Jeudi, réunions qui durent une heure et demie à deux heures. Elles sont faites en présence de tous les enfants du catéchisme ; ce qui permet à tous de profiter des bonnes paroles et des bons conseils. Enfin, disons que tous les membres font la communion réparatrice le 1er vendredi du mois.

L'action de nos jeunes amis ne s'arrête pas là ; ils sont aussi les aides sacristains, enfants de chœur de choix ou d'occasion et ils sont, très gentiment, de toutes les corvées de nos deux groupes. Le dimanche, dans notre cour, ils amènent quelquefois quelques camarades, et on essaye de leur faire quelque bien.

La cotisation de chaque dimanche sert à faire de bonnes œuvres, et ici, ce soir, en famille, on doit tout dire, n'est-ce pas ? Eh bien, ces chers petits, surtout pendant leurs deux retraites annuelles, font de réels sacrifices ; et s'en vont dans la bourse du trésorier, les petits sous, privations de gourmandise, pénitence volontaire, et joyeusement au petit déjeuner et au 4 h., nos petits congréganistes mangent le pain sec.

Cela a permis à M. l'aumônier d'envoyer à plusieurs reprises, de bonnes petites sommes pour les œuvres de guerre. Les petits, à Casseneuil, nous donnent l'exemple de la ferveur et de l'aumône, et force nous est donc à nous, les grands, de les suivre dans cette voie, afin que nos deux groupes n'aient qu'un seul cœur et qu'une seule âme.

En octobre ils furent 16 ; en décembre ils furent 11 et en mars 1918 ils sont 22.

Dans leurs communions nombreuses et ferventes presque tous les dimanches, quelques-uns dans la semaine, par leur sagesse et leur bon exemple, ils sont notre joie, notre orgueil, et par eux nous espérons faire pénétrer peu à peu et faire grandir dans un plus grand nombre de cœurs l'amour de notre cher groupe de Jeunesse Catholique, et par là, suivant le vœu de celui dont nous porterons l'éternel deuil, Pierre Senchou « assurer à nos membres la persévérance religieuse, la formation chrétienne et sociale nécessaire à tout jeune catholique pour les luttes de demain ». (1)

Nos chers morts, du haut du ciel, béniront nos efforts et non seulement nous vivrons mais nous grandirons, et notre avant-garde donnera dans quelques années, des jeunes hommes aimant beaucoup le bon Dieu, et, pour son amour, capables de grandes choses.

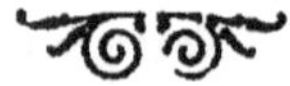

____

(1) Paroles prononcées par lui au Congrès de Villeneuve en 1913.

Rapport de M. l'Abbé BONTEMPS

Curé de St-Etienne

Nous ne donnons ici, que la partie qui a trait au Congrès et au groupe paroissial de Jeunesse Catholique.

Monseigneur,

La journée qui s'achève a été rude pour vous !

Au noble labeur depuis l'aurore vous lui avez consacré sans répit tous vos instants.

En retour combien elle a dû être consolante pour votre cœur d'Evêque, parce que bonne pour Dieu, pour l'Eglise et pour notre malheureux pays.

Il est vrai que votre visite pastorale à Saint-Etienne, si l'on en excepte l'impressionnante cérémonie de la Confirmation, est sortie de son cadre accoutumé, pour s'harmoniser avec les assises pacifiques d'un Congrès de Jeunesse Catholique.

Un Congrès de Jeunesse Catholique ? Est-ce chose, je ne dis pas opportune ; la question peut-elle se poser à une pareille heure, où les maux qui ont fondu sur nous, dans l'ordre moral, dans l'ordre religieux et dans l'ordre social, de l'avis de ceux qui observent, semblent ne pouvoir être conjurés, que par l'union des âmes, des volontés, des efforts, des activités et des espérances.

Mais est-ce chose *réalisable*, en pleine guerre, avec une mobilisation continue d'année en année qui disperse et détruit les forces vives de l'Association ?

Nous l'avons tout simplement pensé. Aussi bien, c'est un fait, ici aujourd'hui, comme ailleurs en beaucoup de provinces de France, où devant la gravité exceptionnelle du moment, l'on n'a pas cru pouvoir attendre, je souligne le mot, la fin de la grande tourmente, pour reconstituer avec des éléments nouveaux les cadres disloqués, les rapprocher pour les unir, travailler et agir, c'est-à-dire *vivre*.

Ainsi en dépit de ces années tragiques, la Jeunesse Catholique fidèle à ses traditions, à son patriotisme et à sa foi, affirme-t-elle sa force et sa vitalité. Elle fait l'œuvre d'après-guerre, s'essayant avec une ardeur sans cesse renouvelée à une grande et noble tâche : celle de faire fructifier le sang des nôtres qui se sont faits, en le donnant si généreusement, les rédempteurs de la Patrie et de « restaurer toutes choses dans le Christ. »

Ce travail de relèvement chrétien, que de fois, Monseigneur, vous l'avez présenté dans vos discours et dans vos écrits, aux activités surnaturelles des catholiques sincères, comme une doctrine, une discipline et une vie.

L'un des résultats du Congrès et non le moindre sera qu'il ait été mis une fois de plus en lumière et montré comme une nécessité pressante à cette vibrante jeunesse que vous aimez d'instinct, depuis si longtemps que vous êtes tourné vers elle et qui vous aime.

Bien plus, ce que vous avez vu ici aujourd'hui, ce que vous avez entendu, ne vous donne-t-il pas l'assurance, que ce mot d'ordre de l'Evêque, vos consignes à vous, seront fidèlement obéies par elle. Les grands chefs qui président aux destinées de l'Association et en union avec eux, leurs vaillants aumôniers, les y aideront de toute l'autorité de leur magistère sacré et de leur affectueux dévouement. Qu'il me soit permis de distinguer entre tous et de saluer les représentants attitrés du Comité régional du Sud-Ouest et de l'Union diocésaine, des élites entre les élites, et les Prêtres-Apôtres qui ont voulu marquer leur place à notre Congrès.

Tous unis dans les mêmes pensées, les mêmes volontés et la même prière, vétérans de l'A. C. J. F., nouvelles recrues qui essayent leurs premières armes, nobles phalanges disséminées par la gigantesque guerre dans les casernes ou sur la ligne de feu, prêtres, ouvriers de Dieu, foule immense empressée sur vos pas pour accueillir votre venue, nous acclamons d'un même cœur et d'une même voix l'Evêque des Jeunes, le Bon Pasteur qui, par une condescendance exceptionnelle pour l'Association Catholique de la Jeunesse Française, a donné à ces solennelles assises, en acceptant de les venir présider, la consécration de la plus haute approbation que nous puissions ambitionner.

Puisse cette journée de travail et de prière, avec l'aide de Dieu, être féconde pour le bien. Elle aura du moins le mérite, n'est-ce pas trop d'orgueil que de l'exprimer, d'avoir été, durant la grande tourmente, comme une reprise de l'A. C. J. F. dans notre arrondissement et dans quelques régions voisines, le bilan de ses efforts, de sa vie, de ses résolutions pour l'avenir, la fleur d'un grain jeté péniblement en terre, s'épanouissant sous le soleil printannier, l'espoir d'une moisson !!

Suit le rapport sur l'état des âmes et des œuvres depuis la dernière visite canonique qui remonte au 10 Juin 1914, peu de temps avant la déclaration de guerre. Nos lecteurs, et spécialement les Congressistes, nous sauront gré d'insérer ici les lignes qui regardent spécialement le groupe de Jeunesse de St-Etienne.

.... J'arrive enfin au Patronage des garçons.

Il réunit, dans un classement simple et méthodique à la fois, 124 membres qui se répartissent comme il suit :

1. *Patronage proprement dit* ayant sa garde d'honneur : 80 enfants de 6 à 12 ans.

2. *Avant-Garde* : 26 enfants de 12 à 15 ans dont 24 affiliés et 12 aspirants.

A. C. J. F. : 18 jeunes gens au-dessus de 15 ans : dont 13 affiliés et 5 aspirants.

.... Il convient de dire que tous les membres ne sont pas présents. Sans parler de nos quatre jeunes lévites du Grand Séminaire qui ne sont pas compris dans ce nombre, il y en a cinq à l'Ecole St-Caprais qui, avec de fortes études, chaque années couronnées de brillants succès, sous une direction ferme et paternelle, ont retrouvé la vie du groupe.

Plusieurs autres sont sur les frontières envahies, en plein champ de bataille, ou à la caserne. La grande guerre a pu les séparer, elle ne les a pas désunis.

Il existe entre tous un lien qui à travers les distances unit étroitement les volontés et les âmes : c'est cette force de cohésion qui vient du ciment de la foi commune, de l'amitié chrétienne, de l'esprit même de l'Association, qui les suit partout, qui les pénètre et qui marque en eux son empreinte, leur donnant ce qu'on a justement appelé « la personnalité A. C. J. F. »

Quant à ceux que la tourmente a laissés dans leurs foyers : les trop jeunes et les exemples, ils ont eu à cœur de se rendre dignes de leurs camarades soldats. Ils se sont mis résolument à la tâche, poursuivant sans défaillance, avec l'œuvre de sanctification personnelle, le travail de conquête.

Voici après quatre années d'efforts persévérants quelques fruits de leur labeur.

1. En ce qui regarde la piété : entrée du groupe dans le cycle de la communion perpétuelle de l'Union régionale. — Institution de la communion perpétuelle spéciale au groupe, de la communion mensuelle, de l'adoration nocturne en la fête de l'adoration perpétuelle paroissiale.

2. Pour ce qui est de l'étude : fondation de deux cercles d'études : l'un pour les membres de la Jeunesse Catholique, l'autre en faveur des jeunes de l'Avant-Garde.

3. Au sujet de l'Apostolat : fondation d'une Bibliothèque ; création de deux Bulletins. Le premier, « *Le Semeur* », trait d'union des membres de l'A. C. J. F. Le second « *Entre Nous* » trait d'union des membres de l'Avant-Garde.

Puis, propagande pour « *Frères d'Armes* », formation d'une élite pour Conférences, Journées Paroissiales et Interparoissiales et, comme couronnement : le Congrès.

En vérité, de tels travaux accomplis au jour le jour, d'année en année, font honneur à nos jeunes qui ont été assez audacieux pour montrer, en regard de ceux qui revendiquent hautement le droit de vivre leur vie à leur manière, c'est-à-dire dans la mollesse et les plaisirs, même et surtout pendant la guerre, — que c'était l'heure où jamais pour la Jeunesse Française d'affirmer sa volonté de faire de sa vie quelque chose, de rayonner au dehors, de devenir une force qui se communique et entraîne au bien, en vue de la régénération nationale et religieuse de notre pays. L'on devine, sans que j'aie à le nommer ici, le guide qui, à mes côtés, depuis cinq ans, par une action surnaturelle de tous les instants, entraîne les jeunes âmes vers l'idéal.

Citons enfin les dernières lignes de ce rapport.

Après avoir salué de ses vœux l'aube d'espérance qui se lève, le Pasteur demande à Sa Grandeur de bénir ce champ des âmes qu'il aime chaque jour davantage. Sa dernière parole est pour les jeunes congressistes.

.... Bénissez en particulier, avec effusion, toute cette jeunesse qui, au soir de cette inoubliable journée, avant de se séparer, a eu à cœur de se rassembler au pied de l'autel, pour faire hommage à Dieu de ce splendide Congrès, de ses travaux, de ses succès, et, à la pensée des éventualités prochaines, recevoir de l'Évêque, sous la houlette duquel elle se sent si heureuse de vivre, des enseignements et des directions qui soutiendront ses énergies dans la tâche difficile qu'elle va reprendre avec la conviction profonde que son labeur servira au triomphe de l'Église et à la grandeur de la France.

Discours prononcé par S. G. Mgr l'Evêque d'Agen

Mes chers amis,

Je viens d'entendre le rapport intéressant du digne et zélé curé de St-Etienne sur l'état religieux de sa paroisse. Les Œuvres nombreuses dont il m'a parlé me sont depuis longtemps connues ; elles ont toute ma sympathie. C'est donc une joie pour moi de leur donner une fois de plus un témoignage public des sentiments qu'elles m'inspirent.

Je les bénis ; je bénis leurs résultats féconds en larges espérances, les âmes dévouées qui les dirigent ou les soutiennent, le clergé si heureux de leur consacrer son temps, son intelligence, son cœur, son cœur tout pénétré d'ardeur apostolique.

Mais tous comprendront dans cette église qu'après avoir remercié et félicité M. le Curé et ses auxiliaires, je m'adresse particulièrement à vous, jeunes gens, qui me procurez aujourd'hui, l'une des plus douces consolations que j'aie goûtées pendant la guerre.

Par devoir, comme pour céder à un désir intime de mon âme, je veux vous faire entendre quelques paroles de vigoureuse exhortation et, je l'ajoute, de confiance affectueuse.

I

Je m'incline d'abord et avec un respect ému devant vos frères, les jeunes catholiques tombés sur le champ d'honneur pour la défense de la patrie. Leur héroïsme ne m'étonne pas, il a été la conséquence logique, nécessaire de leur vaillance au service de Dieu et de l'Eglise.

Qu'ils furent braves, vos aînés, mes chers amis, pendant les années difficiles de l'avant-guerre ! Aucun courage ne leur a manqué.

C'était un grand courage assurément, que celui de conserver et de cultiver sa foi, malgré de rudes obstacles et des tentations incessantes.

On leur disait chaque jour que la science avait définitivement rompu avec la religion. Rappelez-vous, (cela ne vous sera pas difficile) les affirmations répétées impudemment par la presse anti-chrétienne, les romanciers populaires, les politiciens audacieux et une multitude de prétendus savants : « Seuls les ignorants peuvent croire aux dogmes surannés d'un symbole convaincu tous les jours d'erreur. La philosophie, la science, l'histoire, s'unissent pour dissiper les ténèbres dont l'Eglise catholique obscurcissait l'horizon de la pensée. L'heure de la libération de l'esprit a sonné et cette délivrance est le plus beau triomphe de la civilisation moderne... »

S'entendre traiter, quand on a dix-huit ou vingt ans, de dupe, de rétrograde, souvent d'imposteur, c'est dur. L'Association Catholique de la Jeunesse Française a pourtant dédaigné l'insulte, le drapeau qu'elle portait fièrement, l'étendard de la Croix, n'a pas fléchi entre ses mains. Elle n'a pas reculé non plus, devant les menaces qu'on lui faisait d'être exclue de la vie nationale. Ces chers jeunes gens, à l'âme si française, on les regardait comme des parias. Non seulement, les faveurs prodiguées à leurs rivaux n'étaient jamais pour eux, mais le Pouvoir leur refusait même la simple justice. Il y avait deux France, et l'on affectait de douter du patriotisme de nos enfants, parce que l'Etat ne connaissait plus leurs chefs spirituels et que le Pape résidait à Rome. Oui, il a fallu à ceux que nous pleurons, un grand courage.

Intrépides dans la lutte pour la foi, ils ont été assez forts pour joindre la pratique à la croyance. Hélas ! combien d'hommes, surtout parmi les moins avancés dans la vie, ont peur des sacrifices que l'obéissance à la loi divine demande d'accomplir !

A peine l'adolescence commence de fleurir, que déjà les passions naissent et s'agitent. C'est comme un incendie s'allumant au fond de l'être. Des sens, foyer incandescent, elles montent au cœur, puis au cerveau et leurs exigences insatiables dégénèrent bientôt en odieuse tyrannie. La Jeunesse Catholique Française n'a pas ignoré le danger, elle s'est tenue prête à subir, comme la nature humaine le veut, de terribles assauts. Mais, possédant le don de la foi, elle a cru qu'elle pouvait et devait remporter la victoire. Et dans leur noble résolution de combattre, nos jeunes gens ont prié devant l'autel de la Sainte Vierge ou dans le secret de leur conscience, on les a vus s'agenouiller souvent à la table eucharistique et donner ainsi au monde l'admirable, le sublime spectacle de la faiblesse se transformant en force indomptable au contact de Jésus-Christ. Alors que la pureté semble une chimère, eux l'ont aimée, épousée ; ils en ont fait la couronne glorieuse de leurs laborieux, mais magnifiques et triomphants efforts.

Pour obtenir de tels succès, il ne suffisait pas à vos frères aînés, mes chers amis, de réduire en servitude et les instincts pervers qui conspirent contre la vertu et les séductions du monde et le démon lui-même ; un obstacle égal en puissance, plus redoutable se dressait devant eux : le respect humain. Cette misérable crainte du sarcasme ou de la critique fait souvent, hélas ! trembler des braves. Encore aujourd'hui, que d'hommes incapables de céder à la peur sur un champ de bataille, n'osent pas manifester en public les sentiments chrétiens dont leur âme est imprégnée ! Les jeunes catholiques d'avant la guerre avaient porté un défi aux habitudes trop répandues de couardise et de fausse honte ; sans forfanterie, ils essayaient d'être, en présence de tous, ce que la foi les avait faits dans l'intime de leur conscience. Ils ne voulaient rougir que de la lâcheté et de la trahison, estimant que le suprême honneur, c'est de se montrer partout et toujours fidèle disciple, vaillant défenseur de Jésus-Christ.

Un troisième courage les recommande à votre affectueuse estime. Cultiver la foi, la pratiquer, ce n'est pas encore assez, il importe d'en devenir le missionnaire. Les membres de votre association ont cru au devoir et à l'efficacité de l'apostolat, non pas seulement sacerdotal, mais laïque au sens chrétien de ce mot. Je parle d'abord d'un devoir. Combien peu comprennent qu'ils n'ont pas le droit de se réserver le monopole de la vérité ! Et combien parmi ceux qui le comprennent, ne se sentent pas la force de secouer leur égoïste inertie pour se dévouer à la cause de Dieu et des âmes ! D'ailleurs le scepticisme fournit aux cœurs faibles des arguments spécieux. « A quoi bon tant d'agitation ? Qui êtes-vous donc pour attaquer les ennemis redoutables et si souvent victorieux de la foi chrétienne, de la morale de l'Evangile ? » Devant les succès insolents de l'impiété beaucoup de croyants jugent nécessaire de se cacher. Ils ne demandent qu'une chose, c'est qu'on ne s'occupe pas de leurs actes ; désireux avant tout de conserver entière leur liberté, ils vivront dans le silence et l'isolement le plus complet.

Nos chers jeunes n'ont pas compris de cette sorte leur rôle de catholiques. Puisqu'ils avaient le bonheur de croire, pourquoi ne pas essayer de répandre la lumière, le plus nécessaire des dons que l'amour divin ait fait aux hommes ? Et puisque notre siècle comme tous les autres et plus encore que les âges précédents, a besoin de Dieu, pourquoi ne pas espérer que des appels loyaux, confiants, affectueux à la vérité attireront les esprits sincères, les âmes qui souffrent de l'erreur presque toujours sans connaître la cause de leur mal ?

Ils avaient raison, nos amis, mais que de courage supposaient et la conception et l'application de leur programme ! A une époque où la jouissance, l'amour de l'argent, l'indépendance semblaient les principaux, pour ne pas dire les exclusifs objets de l'activité française, ils se sont attachés au plus noble idéal de la vie et, ne redoutant aucune des souffrances qui les attendaient, ils ont entrepris leur œuvre. Quand on est capable de s'élever à ces hauteurs, il n'est pas étonnant qu'aux jours sanglants de la guerre, on sache regarder la mort en face. La Jeunesse Catholique devait donner l'exemple de l'intrépidité sur le champ de bataille ; elle l'a donné par le spectacle d'un constant héroïsme.

Je ne prétends pas, mes chers amis, attribuer aux nôtres le privilège du patriotisme. Je constate un fait, c'est qu'au régiment, les soldats issus de nos groupes, furent et sont encore des modèles de discipline, d'endurance, de bravoure. Ils ont contribué, ce n'est pas douteux, à maintenir le moral des troupes, à rendre notre armée plus belle et plus forte qu'elle n'avait jamais été et par milliers, ils sont morts, les yeux fixés sur le ciel, le cœur joyeux de servir la France, la volonté soumise sans hésitation à la volonté de Dieu. Honneur à l'Association Catholique de la Jeunesse Française ! Elle a noblement montré pendant l'effroyable guerre, qu'en se vouant à la défense de l'Eglise, elle se rendait capable de travailler avec vigueur au salut de la patrie.

II

Il en est parmi vous, mes chers amis, que le drapeau réunira, cette semaine même, autour de ses plis glorieux. La classe 1919 *va partir* selon le mot consacré. De votre résolution très ferme d'être fidèles à vos principes, je ne doute pas un seul instant. Au dépôt du régiment, en seconde et bientôt en première ligne, vous serez ce que vous devez être : de bons et chrétiens soldats. Vous êtes prêts à tous les sacrifices. S'il vous faut accroître le nombre trop grand, hélas ! des victimes rédemptrices de la France, vous donnerez aussi votre sang. Ah ! le sang répandu depuis quatre années par trente générations de vaillants, n'a pas été seulement le prix d'une résistance invincible aux plus formidables assauts que l'histoire raconte ; il est bien la rançon de nos fautes individuelles ou nationales, il apaise la justice divine et nous purifie de nos souillures. Nous lui devrons deux suprêmes victoires : la libération du sol que l'envahisseur a dévasté et la régénération chrétienne du pays.

Que Dieu, néanmoins, daigne ramener bientôt dans leurs foyers, le plus grand nombre de nos jeunes recrues ! Qu'il les rende, par la paix, à l'affection des familles éplorées, comme aux espérances de leurs deux patries : l'Eglise et la France.

Nous reprendrons alors le cours de nos luttes pacifiques contre l'erreur et le mal. Ceux qui reviendront, les anciens d'avant la guerre et les conscrits d'aujourd'hui, uniront leurs efforts et marcheront avec discipline sous le drapeau de l'Association.

Le labeur sera rude, mes chers amis. Il serait imprudent, chimérique plutôt de croire que la paix ouvrira une ère de repos, au contraire, nous devrons beaucoup agir et surmonter, je ne crains pas de vous le dire déjà, de graves et nombreuses difficultés.

Pourquoi ? D'abord parce que vos rangs seront éclaircis. La mort a fait d'affreux ravages partout. C'est par milliers que vos camarades sont tombés, et, vous ne l'ignorez pas, souvent les plus intelligents, les plus pieux, les plus zélés ont succombé sous les coups de l'ennemi. Dieu sait choisir les victimes ; d'ailleurs la bravoure dédaigne trop aisément le péril pour y échapper toujours. Et donc, beaucoup de nos groupes n'auront plus à leur tête les jeunes apôtres dont ils étaient si fiers de suivre les exemples. Mais des successeurs, j'entends des successeurs dignes du passé, ne manqueront pas. Au ciel les absents intercèderont pour l'œuvre qu'ils ont tant aimée, sur la terre, leurs frères plus jeunes voudront ne pas déchoir. N'auront-ils pas, ces chers enfants, le désir d'aller plus loin dans la voie du progrès que les militants d'avant la crise ? Plus impérieuses leur paraîtront, à juste titre, du reste, les exigences des temps nouveaux, plus il y aura d'élan, de sincérité, de confiance dans les efforts qu'ils multiplieront. Oui, je crois au lendemain de votre Association de Jeunes Catholiques, à l'émulation qui s'emparera des derniers venus, au prestige des héros de la grande guerre, au dévouement dont la flamme ne s'éteint jamais dans des cœurs chrétiens de vingt ans. Vous ne serez peut-être qu'une poignée, mais l'élite importe plus que le nombre, et pour que le nombre augmente, il faut que l'élite soit convaincue et forte, sans peur, assurément, et aussi, sans reproche.

La besogne sera dure encore, mes chers amis, parce que vous devrez vous adonner à une foule de travaux urgents mais difficiles.

Il m'est impossible, vous le comprenez bien, de prévoir le programme détaillé que vous aurez le devoir d'étudier et de mettre en pratique tout à la fois. L'avenir ne nous appartient pas, personne ne peut, à l'heure présente, vous l'annoncer avec quelque assurance. Ce qui, pourtant, est bien sûr, c'est que la France et le monde entier, après avoir subi d'extraordinaires secousses, ressembleront à des malades affaiblis par de longues et cruelles douleurs, à nos grands blessés, dont le sang a coulé avec abondance, dont les plaies sont encore ouvertes.

Les problèmes économiques, sociaux, politiques, moraux, internationaux se poseront d'eux-mêmes. Dans une foule de cas, tout sera à recommencer, à refaire, partout on devra réparer, réorganiser, entrer dans des voies nouvelles, essayer sans se décourager, ni attendre de trop prompts succès. Qui peut évaluer la somme de temps et d'efforts que demandera une pareille œuvre ?

La prudence nous oblige à penser que, si riches soient les ressources matérielles et spirituelles de la France, nous devrons vivre de longues années de travail pénible et de luttes incessantes. Le résultat sera beau, nous l'espérons bien. Dieu n'a pas permis de pareilles épreuves sans vouloir que notre patrie en devienne meilleure, plus grande et plus prospère ; mais la guérison, pour être sérieuse, s'opérera avec une lenteur au moins relative. L'histoire s'étonnera peut-être de la rapidité que notre turbulence aura prise pour d'interminables retards.

Or la conviction qui anime nos âmes et que beaucoup d'esprits clairvoyants partagent avec nous, c'est que la France ne se relèvera de ses ruines matérielles ou morales que par la foi et la pratique des vertus chrétiennes. La démonstration de cette vérité essentielle n'est plus à faire, car tous les jours l'histoire la met en pleine lumière. Il est évident, en effet, que nous devons l'état de décadence dans lequel nous étions tombés, à l'abandon de nos traditions religieuses et que, d'autre part, une harmonie profonde existe entre nos devoirs d'aujourd'hui — ils seront les mêmes demain — et les préceptes de la loi évangélique. Allons plus loin, aucune doctrine, à l'heure actuelle, n'est assez claire, assez forte, assez haute, assez complète pour s'imposer à nos consciences comme le remède par excellence, la garantie et le principe fécond des progrès nécessaires. La France vivra, après avoir si cruellement souffert, dans la mesure de sa fidélité à Jésus-Christ.

Il vous appartiendra, chers amis, de travailler à la conversion nationale. Vous affirmerez de plus en plus votre foi, vous l'éclairerez, vous vous rendrez compte par vous-mêmes de l'efficacité unique de la méthode catholique. Dans vos groupes, on étudiera avec persévérance les vérités morales et sociales que l'Eglise enseigne et l'on cherchera les moyens de les défendre, de les répandre et de les appliquer.

Les consignes vous seront données comme toujours par le chef suprême des pasteurs et des fidèles, par votre Evêque et vos prêtres. Vos exemples, leçons toujours salutaires, l'influence qu'il vous faudra exercer autour de vous, votre esprit de soumission à l'autorité, enfin des essais bien conduits, persistants, sans cesse contrôlés par l'expérience, nous feront passer constamment de la spéculation à la pratique. Votre belle devise sera plus que jamais une réalité vivante : « Etude, piété, action ». Etude, c'est-à-dire épanouissement toujours plus raisonnable et plus vigoureux de vos croyances ; piété, par conséquent, assimilation de vos actes à votre foi ; action enfin qui a pour but l'extension du règne de Dieu sur les individus et sur les peuples. Nous en avons la ferme espérance, après, comme avant la guerre, l'Association Catholique de la Jeunesse Française formera l'élite la plus éclairée, la mieux disciplinée, la plus apte à l'abnégation et au courage de notre pacifique armée. Je dirai plutôt que mûris par l'habitude d'un long héroïsme, les aînés de la famille auront acquis un prestige, un désir de faire le bien et de se dévouer, qui accroîtront étonnamment leur puissance d'apostolat, tandis que les plus jeunes ressentiront au plus profond d'eux mêmes le besoin de préparer à la Patrie, non plus seulement un triomphe sur les barbares envahisseurs de son territoire, mais une magnifique résurrection dans la foi et la pratique du devoir chrétien, sources principales et nécessaires de la véritable civilisation.

Jeunes gens, l'Eglise vous aime comme la meilleure des mères, et de la part de Dieu, elle vous bénit. Vous êtes l'un de ses plus doux espoirs; déjà vous la récompensez de ses tendres sollicitudes pour vous. Ses prêtres sont fiers de votre docilité à leurs conseils, de votre indépendance devant le mal. Soyez-en sûrs, ils ne manqueront jamais de remplir leur tâche, qui est de vous instruire, de vous réconforter et de vous guider. Ensemble, vous entreprendrez de belles campagnes, et le Dieu de Jeanne d'Arc vous donnera la victoire, quand vous aurez noblement bataillé.

**

Quant à moi, chers amis et chers enfants, je vous remercie du meilleur de mon âme. Votre Association que j'ai toujours encouragée et protégée, semblait assoupie depuis quatre années dans mon diocèse. Vous l'avez réveillée par un geste aussi charmant qu'énergique et simple. Bien mieux encore, vous venez de prouver que, même pendant la rude période de la guerre, et donc en l'absence d'un grand nombre de leurs membres, vos groupes pouvaient tenir, se recruter un peu et favoriser l'éclosion heureuse d'avant-gardes où se prépareront vos collaborateurs ou successeurs de plus tard. Sans doute, il n'est que juste d'exprimer d'abord ma reconnaissance paternelle aux initiateurs de ce beau Congrès, je veux dire au clergé si apostolique et au groupe de la paroisse de St-Etienne, mais c'est à vous tous, en définitive, que je veux m'adresser, car vous pouviez, comme tant d'autres, refuser votre concours, et rester sourds aux plus pressants appels. Oh ! merci, mes chers enfants ! A la parole de vos chefs vous avez répondu par ce mot fier et ferme qui résumait toutes vos résolutions : présents !,,, Présents, vous le serez toujours, par la grâce de Dieu, lorsqu'on vous demandera de combattre et de souffrir, même de mourir pour le relèvement national et catholique de la France.

TABLE DES MATIÈRES

P. FERRIER & CIE
TONNEINS